하마터면 불행할 뻔했다

하마터면 불행할 뻔했다

초 판 1쇄   2020년 06월 25일

지은이 우경화
펴낸이 류종렬

펴낸곳 미다스북스
총괄실장 명상완
책임편집 이다경
책임진행 박새연 김가영 신은서
본문교정 최은혜 강윤희 정은희 정필례

등록 2001년 3월 21일 제2001-000040호
주소 서울시 마포구 양화로 133 서교타워 711호
전화 02) 322-7802~3
팩스 02) 6007-1845
블로그 http://blog.naver.com/midasbooks
전자주소 midasbooks@hanmail.net
페이스북 https://www.facebook.com/midasbooks425

© 우경화, 미다스북스 2020, *Printed in Korea*.

ISBN 978-89-6637-813-5 03190

값 15,000원

하마터면 불행할 뻔했다

열심히 힘들게 말고, 애쓰지 않고 행복하게 살자

우경화 지음

미다스북스

열심히 살아온
내 인생 '상상의 힘'으로
특별함을 찾아라

내 인생 지금부터 다시 리뉴얼하기!

지금 나는 브랜드 미용실을 20년 동안 운영하고 있다. 미용경력은 28년 차이다. 그리고 나는 지금까지 한결같이 열심히 일해왔다고 자부한다. 그런데도 몇 해 전부터는 무언가 모르게 답답함을 느낀다. 보이는 문제점 외, 무엇이 문제인지 찾고자 많은 생각을 한다.

그리고 누군가는 말한다.

"열심히 살아온 당신, 부모님은 어떠한가? 또 당신은 어떠한가?"

열심히 사신 부모님은 가난하며, 나 또한 별반 차이 없음을 인식시킨다. "절대 우리는 열심히만 살아서는 안 된다"고 말한다. "특별하게 살아야 한다."라고 일러준다. "헉!" 하게 하는 한마디이지만 인정하게 된다.

무엇이 문제인지 찾고자 많은 생각을 한다. 누구보다 열심히, 열심히 살아왔지만, 인생의 반쯤 도착하니 갈수록 쪼그라드는 듯한 느낌을 받는다. 그 당당하던 나는 어디로 갔는지, 어깨와 등은 굽어가고, 나잇살은 찌며, 마음은 조급해지고 삶의 여유는 자꾸 나와 멀어지는 느낌이 든다. 그리고 나는 점차 내가 길을 잘못 들어서고 있음을 느낀다.

'내가 가야 할 길은 이 길이 아니야! 내가 찾는 또 다른 길이 있을 거야!'

계속된 나의 바람은 욕망이 되고 그 욕망은 나의 소망! 성공 확언과 감사기도가 되었다.

나는 예전과 비슷하게 해나가고 있지만, 주변 환경과 여러 여건의 변화로 내 삶의 만족감과 행복감이 현저히 떨어지고 있음을 느꼈다. 그리고 그것을 채우기 위해 책에서 위안과 길을 찾고자 책 읽기에 집중했다.

있는 그대로의 나를 사랑하는 법, 원하는 것을 끌어당기는 법 등 다양한 자기 계발과 함께 의식의 확장과 잠재의식이 우리의 삶에서 너무나 중요함을 깨닫는다.

무엇이든 원하는 것을 이루어내는 법칙, '상상의 법칙'으로 큰 꿈을 꾸면 답답하게만 느껴지던 일상은 즐겁고, 행복한 꿈을 꾸고 실천해가는 나만의 시간으로 채워진다. 그 시간은 열정과 사랑이 넘친다.

바쁘게 살아가는 일상 속에서 뚜렷한 목표의식 없이 그냥 남들처럼 똑같이 사회의 관습대로 살아오던 나는 왜 그렇게 열심히 살았던 것인지, 잠시 멈추고 내 인생을 바라보게 된다. 미처 깨닫지 못하고 그냥 살아가다 지쳐 불행할 뻔한 삶에서 벗어나 열정과 행복이 넘치는 꿈을 꾸고 이루어내는 법칙과 함께 삶의 진리를 깨닫고 실천해나가겠다고 선언한다.

나는 지금도 나처럼 열심히 살지만 늘 제자리걸음인 당신이 지금부터라도 남 눈치를 보지 않고, 진정 자신이 원하는 삶을 살기를 바라는 마음에서 이 책을 쓰게 되었다. 이 책은 삶을 풍요롭고 특별하게 해줄 '상상의 법칙'을 알려준다. 우리가 그 원리를 깨닫고 제대로 실천한다면, 우리는 언제나 행복한 길로 가게 될 것이다.

마지막으로, 나에게 네빌 고다드를 통해 의식의 중요성을 알려주고

〈한국책쓰기1인창업코칭협회〉의 책 쓰기를 통해 멋진 작가의 삶을 안겨준 김태광 대표님 '김도사 님'께 진심으로 감사 인사를 드린다. 그리고 사랑하는 내 가족과 오랫동안 함께한 동료, 많은 사랑을 주신 고객분들 모두에게 감사한 마음을 전한다. 끝으로 이 책을 빛나게 만들어주신 '미다스북스' 관계자분들께 감사 인사를 드린다.

2020년 6월 우경화

4장 나만의 기준 만드는 법

5장 언제나 행복하기를 선택하라

1 장

왜 그렇게 열심히 살았던 걸까요?

1

.

.

.

타인을 배려하는데
왜 내 마음은 힘들까

나는 지금 프랜차이즈 미용실을 20년째 운영하고 있다. 참 오랫동안 해온 것 같다. 그렇게 시간은 속절없이 흘러버렸다. 나의 일은 항상 한결같은 마음으로 하는 것이 참 중요하다. 내 기분대로 해서는 안 된다. 미용실은 서비스업이다. 전문직이지만 전문직보다는 서비스업으로 나뉜다. 그렇게 내 기분보다는 한결같은 마음으로 남을 배려하고 먼저 챙기는 일이다.

사람이 한마음으로 살아간다는 게 결코 쉬운 일은 아니다. 누구나 항상 일탈을 꿈꾸지 않는가. 내가 일을 오랫동안 할 수 있었던 것은 내 성격이 한몫한 것 같다. 그리고 함께 해주는 직원, 동료들의 힘도 컸던 것 같다. 오랫동안 해보니 이 일은 결코 혼자 쉽게 할 수 있는 일이 아니다. 하나에서부터 열까지 다 손으로 해야 하는 일이다. 그렇게 손으로 하는 일은 손님이 몰릴 때면 많은 손이 필요하다. 사람 심리는 이상하게 몰리는 시간대에 몰린다. 그렇게 한가하게 놀다가도 손님이 몰릴 때는 몇 팀씩 한꺼번에 올 때도 부지기수다. 그러다 보니 이 일은 팀워크가 중요하다. 일하는 동안에도 고객을 배려하고 직원을 배려해야 한다.

모든 일은 고객을 중심으로 돌아간다. 고객이 어떤 스타일을 원하는지 등 고객의 의견을 충분히 듣고 하는 것이 중요하다. 고객이 들어와서 나가는 시간까지 걸리는 시간도 중요하다. 그러나 한꺼번에 고객이 몰리면 오랜 베테랑도 힘들고 지친다. 그나마 편안하게 시술받고 머물다 갈 수 있게 하려고 최선을 다한다. 그래서 보통 예약을 해주십사 꼭 부탁드린다. 특히 요즘은 누구나 자신이 중요하고 자신의 시간이 중요하기 때문에 예약을 선호한다. 항상 우리도 고객에게 예약하고 오면 편안하게 이용 가능하다고 안내해 드린다. 그렇게 예약제가 보편적이다.

고객이 몰릴 것을 대비해서 많은 직원을 둘 수도 없다. 요즘은 시스템적으로 직원 한 명 당 인건비나 고정비가 많이 나가기 때문이다. 거의 예약제로 움직이고 정해진 시간에 받을 수 있는 고객이 한정되게 된다. 그런데도 예약도 없이 불쑥 들어와서 지금 바로 해달라는 사람들 때문에 곤란할 때도 참 많다. 그리고 급하게 들어와서 해달라는 사람을 배려해서 해주게 될 때도 많다. 그러나 다하고 나서 마음에 안 든다며 투덜거릴 때도 많다. 그럴 때는 기껏 배려해줬더니 돌아오는 것은 화살과 같다. 우리는 마음공부를 하는 직업이다. 마음을 다스려야 한다. 고객과 싸울 수는 없잖나. 좋은 게 좋은 것이라고 한발 물러나서 해결책을 제시하고 찾아 나간다.

사람들의 성격은 워낙 다양해서, 특히 예민하고 까칠한 사람들도 많이 있다. 몸이 안 좋거나 해서 성격적으로 까칠한 경우도 있다. 그리고 헤어 관리를 못 해서 손상된 모발로 예민한 사람들도 많다. 그런 사람들은 해주고 싶지 않을 때도 있다. 그러나 또, 꼭 원하면 해주는 경우도 있다. 그러나 결론은 자신의 머릿결은 생각지 않고 성질을 내거나 화를 내는 사람들도 있다. 이럴 때는 처음부터 안 되는 건 안 된다고 단호하게 거절해야 한다. 인정에 끌려서 좋은 의도로 해주다 더 큰 곤란을 겪을 때도 많기 때문이다. 화장실 들어갈 때와 나올 때 마음이 다를 때가 종종 있는 것이다. 손질이 끝나고 나면 처음부터 자신의 모발이 손상되어 있거나 안 따라 줬던 것은 생각하지 않고 무리한 요구로 힘들게 하는 경우도 있다.

이럴 때는 또 다른 것을 느낀다. 결코, 좋은 게 좋은 게 아님을. 좋은 의

도로 충분히 설명하고 했는데, 결과는 안 좋게 끝나고 마음에 상처만 크게 남는다.

이런 일을 겪으면 하는 일에 대한 회의감이 크다. 그런 트라우마 때문에 어린 후배 중 많은 친구가 일을 중간에 포기하고 떨어져 나가기도 한다. 그럴 때는 많이 안타깝다. 어린 후배들에게 나는 얘기해주곤 한다.

"살다 보면 이런 일도 저런 일도 넘쳐나니 그러려니 해."
"상처받지 마."
"욕이 배 뚫고 오는 것 아니니까. 괜찮아, 잊어버려."

이런저런 다양한 말로 위로한다. 그런 것을 다 신경 쓰면 안 된다. 마음에 담아두면 안 된다. 한쪽 귀로 듣고 한쪽으로 흘려야 한다. 스스로 상처를 덜 받는 법을 터득해야 한다.

나는 7남매 중 다섯째로 어려운 환경에서 컸다. 우리 부모님은 가난하지만, 열심히 일해서 부족한 것 없이 키우려고 애쓰셨다. 나는 우리 부모님이 누구보다 우리 형제를 아끼고 사랑하며 키웠다는 것을 잘 안다. 우리 집은 형제가 워낙 많다 보니 자라면서 항상 풍족하지 못했던 것 같다. 갖고 싶은 게 있어도 부모님의 주머니 사정을 잘 알기에 무언가 사달라고 말 한번 안 하고 컸다. 그렇게 나와 언니들은 많은 형제로 남을 배려하는 마음을 배웠다. 나는 자라면서 이해심과 남을 배려하는 마음을 장점으로 생각했다.

　내가 하는 일은 손기술을 발휘하여 타인을 예쁘고 아름답게 해주는 일이다. 어떤 고객은 잠시 매장에 앉아있는 동안 다른 사람을 지켜보게 될 때가 있다. 그럴 때 분명히 들어올 때 별로 눈에 띄지 않던 사람이 나갈 때 멋지게 변신하는 것을 보고 깜짝 놀랐다고 말하기도 한다. 이런 전문적인 일이 그냥 서비스업으로 분류되는 것이 일에 대한 자부심을 꺾어버리는 것 같다. 앞으로 더 많은 발전으로 오로지 즐겁게 누군가에게 아주 잘 어울리는 헤어스타일을 창조해내는 전문직으로 인정받기를 바란다.

　내가 주로 쓰는 말은 고객을 접객하는 일이다 보니 처음부터 끝까지 타인을 위한 배려의 말이다. 친절에서 시작해서 배려로 끝나는 말이다. 참 반가움과 감사함, 배려의 의미가 가득 담겨있다. 고객이 불편한 것은 없는지 세심한 배려로 접객한다. 요즘처럼 미용실이 넘쳐나서 한 분의 고객이 중요할 때는 더 힘주어 상냥하고 친절하게 되는 게 접객 멘트이다. 이런 멘트를 입에 달고 있는 사람은 어디서나 타인을 배려할 것 같지 않은가? 그렇다. 30년 가까운 미용실 종사자는 몸에 밴 인사말과 함께 타인을 향한 배려가 몸에 뱄다고 생각한다. 그런데도 컨디션이 별로일 때는 이런 멘트가 부담스럽다. 나도 누군가의 배려를 받고 싶을 땐 부쩍 그렇다. 물건을 상대하는 게 아니라 사람을 대해야 하는 일이라 그렇다. 그런데 까칠한 사람을 만난다면 침묵하고 싶다. 말 한마디에 천 냥 빚을 갚는다고 고마운 분들도 참 많다. 하지만 때로는 주는 만큼 되받고 싶을 만큼 얌체 같은 사람도 많이 겪는다.

서비스업 종사는 아무나 할 수 있는 일은 아니라는 생각이 든다. 그런 면에서 서비스 종사자는 쉽지 않다. 모든 일이 만만치 않지만, 특히 불특정 다수를 상대하고 서비스해야 하는 직업은 아무래도 더 힘든 것 같다. 사람을 상대로 하는 일은 쉽지 않다. 기술적인 면은 하면 할수록 실력이 향상된다. 하지만 사람을 상대하는 일은 하면 할수록 참 힘들다는 생각이 든다. 특히 혼자 하는 일이 아닌 직원, 동료들과 함께 하는 매장은 또 다른 관계에서 오는 어려움이 많다. 많은 사람과 함께 일하는 일은 쉽지 않다.

일을 여러 명이 함께 하다 보면 잘 따라주지 않거나 독단적 행동을 하는 사람이 꼭 있다. 서로 지켜야 할 규칙과 예의를 지키지 않는 기본이 안 된 사람이 섞여 있으면 상당히 피곤하다. 그렇다고 여러 상황이 단호하게 관계를 끊기도 쉽지 않다. 함께 하기 위해 많은 배려를 하지만 뜻대로 따라 주지 않아 지속해서 힘들게 하는 사람이다. 이런 사람이 조직에

끼어 있으면 전체 매장의 서비스 질이 확 떨어진다. 함께 하는 일은 전체를 배려하고 하고자 하는 열정을 가진다면 많은 시너지효과가 성과로 나타난다. 그것을 너무 잘 알기에 마음이 더 힘들어진다.

요즘처럼 다들 귀하게 크고 풍족하게 자란 세대 중 일부는 서비스업 종사를 더 힘들어한다. 부족함 없이 자랐기 때문에 서비스 받는 데 익숙하여 남을 위하는 일은 별로 하고 싶어 하지 않는 것 같다. 잘 따라 주지 않는 직원과 동료들을 리드해서 배려해가며 함께 성장해나가는 게 정말 힘들다. 그럴 땐 일에 대한 회의감이 크다.

그렇게 혼자만 잘한다고 되는 문제가 아닌, 뜻대로 되지 않는 관계에서 오는 문제로 힘들어하는 사람들이 많다. 나도 그중의 한 명이다. 타인을 배려하는데 왜 내 마음은 힘들까? 나이가 들수록 사람 대하는 게 편하고 행복해야 하지 않나? 오랫동안 해왔고 잘하는 분야니까. 그런데 생각처럼 쉽지 않다.

오늘도 더 행복한 관계를 위해 생각은 비우고 감사의 마음으로 나를 채워나간다.

2
.
.
.

남에게만
좋은 사람은 그만하라

당신은 어떤 사람인가. 세상 사람들의 눈치를 보는 사람인가, 개의치 않는 사람인가? 한때 나는 내 인생의 주인공이 나라는 것을 잊었었다. 일상에 젖어 생활하다 보니 나의 소중함을 잊고 나를 함부로 대하였다. 20대를 열정과 꿈으로 열심히 살아왔다고 생각했다. 그러나 연애결혼을 꿈꿨지만 가족들 때문에 내 뜻이 무산되면서 신중하지 못한 결정을 하고 말았다. 그렇게 나를 나쁜 상황으로 몰았던 것 같다. 나는 30대 초반 연애의 아픈 기억을 지우고 선을 보고 3개월 만에 결혼했다. 그리고 3개월 만에 이혼을 하는 있을 수 없는 일을 겪었다. 당시 나는 될 대로 되라는 식으로 결혼을 결정했고, 결국 나에게 상처만 주었던 힘든 일이었다. 당시 나는 서른셋의 늦은 나이로, 남들처럼 결혼해서 나의 두 번째 인생을 살아가길 희망했다. 그런데 생각지도 못했던 일이 생긴 것이었다. 집에서 나의 연애결혼을 심하게 반대했다. 그래서 화가 난 나는 중매로 얼마나 잘사나 보라는 식의 마음을 가졌었다.

그리고는 선을 봤고 성급하게 될 대로 되라는 식으로 결혼을 감행했다. 상대방의 직장이 학교 선생님이라는 말만 믿고 나머지는 결혼해서 풀어나가리라 생각하고 한 결혼이었다. 그런데 결혼 후 그 사람의 거짓말을 알았던 것이다. 무직에 빚이 있다는 사실을. 결혼 후 그 사실을 우연히 알게 된 나는 그 사람을 믿고 평생을 살 엄두를 내지 못하고 이혼을 결정했었다. 그리고 내가 입은 상처는 누구에게도 말 못 하고 성급한 결정을 한 내 잘못으로 묻었다. 주위에도 구구절절 말하기도 싫었다. 그냥 조용히 잘 살아가는 척했다. 혹시 결혼을 알고 있던 지인의 안부에는 잘사는 척 둘러댔다.

아무 문제 없는 척 남들에겐 좋은 면의 내 모습만 보였다. 그렇게 나는 안으로 곪았던 것 같다. 누구의 잘못이든지, 솔직히 떠들어 대면서라도 겉으로 표현하고 풀었어야 했을 수도 있다. 하지만 나는 그렇게 하지 못했다. 항상 단번에 '싫다, 좋다.'보다는 '그래도 괜찮아. 응, 이래도 좋아.' 하는 성격의 소유자였다. 그렇게 남과 맞춰나가는 성격이었다. 나의 의사를 명확하게 표하지 않는 성격이었다. 그리고 나는 남들에게 내 속내를 잘 얘기하지 않았다. 가족도 많았지만 별로 서로 대화를 많이 나누고 하지는 않았다. 대화 상대가 별로 없었다.

매장을 운영하며 일은 열심히 할 때였다. 지금 생각하니 참 한심한 삼십 대였던 것 같다. 왜 그리 아무 문제 없는 척 직원들, 동료들, 고객에게는 잘하면서 나한테는 좋은 사람이 못되었는지 싶다. 하기야 지금 생각해도 그런 큰 문제가 있다면 말하고 싶지 않았을 것 같다. 항상 좋은 부분만 얘기하며 내 마음을 풀어내는 데는 미흡했다. 성격상 남에게 나의 힘든 부분을 얘기하거나 내색하지 못했다. 웬만하면 좋은 얘기만 하려 했다. 깊은 내면의 이야기는 더욱 하지 못했다.

다 지난 이야기지만, 당시 연애가 결혼으로 연결되지 않으면서 가족에게 마음먹은 오기가 그대로 나를 망치게 했었다. 내가 그렇게 어리석은 마음을 먹었던 것이었다. 그렇게 내가 먹은 오기가 현실이 되어 내가 감당하기 힘든 현실을 만들었던 것이었다. 이 모든 것이 어쩌면 세상 사람들의 기준에 나를 맞춘 일이었다. 좀 더 내가 넓은 안목으로 그 일을 받아들이고 해결해나갔다면 좋았을 일이다. 하지만 어리석게도 나는 씩씩거리는 아이처럼 철없이 나를 곤란에 빠뜨렸었다. 너무 세상의 잣대에 나를 맞추려는 생각이 강했던 것 같다.

집안의 반대로 연애가 결혼으로 연결되지 않으면서, 조금 더 시간을 가지고 충분히 내 마음을 다독였어야 했다. 하지만 그러지 못하고, 내가 결혼하고자 마음먹은 나이가 왔고, 그 시점에 결혼하기로 마음먹으면서 생긴 일이었다. 그렇게 사랑 없이 결혼할 상황이라면 안정적인 직장만 보기로 했다. 그런데 상대는 임시직과 무직 상태임을 속였다. 그렇게 사랑 없이 조건에 맞춰 한 나는 몇천만 원의 빚까지 있으면서 말하지 않은 그 사람을 믿고 평생 살 수 없었다. 그리고 나를 속인 그 사람이 너무 싫었다. 그렇게 우여곡절 끝에 합의 이혼한 것이었다.

서른셋 내 인생의 황금기가 되어야 할 시기에 나는 끔찍한 상처를 받았다. 나는 20대 때 열심히 해서 30대는 안정적인 생활을 해나가기를 꿈꿨다. 그리고 사랑하는 사람 만나 30대는 나만의 행복한 가정을 꾸리기를 계획했다. 나의 인생계획은 차근차근 생각대로 되는 듯했다. 하지만 그렇지 못했다. 가족들은 정말 나를 위하기보단 자신들의 생각으로 반대했다. 나를 위한다는 명목이었지만 내 말은 무시했다. 정말 내 생각을 한 것이 아니었다. 모두 나의 결혼으로 어떤 상황이 될지 모르는 집 걱정을 한 것이었다. 그렇게 납득할 수 없는 사유로 원하던 인생계획이 꼬이기 시작했다. 그렇게 일생의 가장 중요한 결혼은 3개월 만에 이혼으로 마무리 지었다. 더 큰 상처를 받지 않고 마무리하길 원했다. 그렇게 30대 초반, 결혼 문제로 가족들은 나에게 큰 상처를 줬다. 그리고 그 상처를 안고 나는 나에게 더 큰 상처를 남겼다.

그렇게 한동안 정신적 공황상태를 겪었다. 멍하게 어디서 잘못되었고, 어디로 가야 할지 한순간 방향을 잃었었다. 그렇게 상처를 치유하고자 그때 종교를 찾았었던 것 같다. 그렇게 한참을 불경과 기도를 하며 마음을 다스리고 일상으로 돌아가고자 노력했었다. 항상 좋은 딸, 좋은 동생이고자 했던 나는 내 인생의 중요한 시점에 가족으로부터 큰 상처를 받았다. 당시 가족에 대한 나의 배신감은 엄청나게 컸다. 몇 달 동안 가족들과 말도 하지 않고, 섞이지 않았던 기억이 있다.

그때 나를 위하고, 나를 진정 생각하는 사람은 아무도 없었다. 나는 항상 가족을 먼저 위하며 살아왔는데, 아무도 내 입장이나 내 말에 귀 기울이지 않는 것에 더 큰 상처였다. 오로지 내가 어떤 계획이고 무슨 생각인지를 알아주는 사람은 나뿐이라는 것을 명심해야 한다. 내 안의 나를 믿고 이루어 나가는 법을 그때 알았어야 했다. 그렇게 경험과 지혜가 부족했던 나는 가족의 기준에 맞춰서 내 인생을 배배 꼬았다. 더 이상 그 속상했던 일을 생각하기 싫어 그 이후로 한동안 그 부분은 잊고 지냈었다. 가족도 내 마음속으로 그렇게 다 용서했던 것이었다.

어느덧 시간은 흘러 나는 중년이 되었다. 사람의 천성은 바꾸기가 힘든 것인가. 나는 마음은 여려도 책임감이 강했다. 그렇게 나는 항상 가족을 챙기는 사람이 되어 있었다. 나에게는 챙겨야 할 신랑도 아이들도 없다 보니, 집의 모든 대소사는 내가 거의 책임지고 처리하는 입장이 되었다. 제대로 못 펼쳐본 꿈 때문에 나는 항상 결혼에 대한 환상이 있다. 그리고 어릴 때는 아이들을 너무 좋아해서 조카들도 잘 돌봐줬다. 그리고 조카도 나를 너무 좋아했던 기억이 있다.

다 옛날이야기가 되었다. 나는 한때 현모양처가 되기를 꿈꿨다. 그리고 내 성향을 잘 알던 나의 바로 위 언니는 "그래 네가 아이를 키웠으면 참 잘 키웠을 거야.", "나도 그렇게 생각해."라며 내가 내 아이를 키웠다면 잘 키웠을 것이라고 위로 아닌 위로의 말을 했었다. 참 씁쓸한 이야기가 되었다. 그때 내가 남에게만 좋은 사람이 아닌 진정 나를 위하는 법을 행했어야 했다. 결코 나를 사랑하기를 포기하지 말았어야 했다. 이젠 잘 안다. 마음속의 꿈을 포기하지 않고 어떤 시련이 와도 다시 도전해야 한다. 시련은 또 다른 축복이 되는 것을 놓쳐서는 안 된다. 시련이 왔다고 완전히 다른 방향으로 가거나 포기해버린다면 결국 걸어보지 못한 길에 대해 아쉬움과 후회가 남는다.

뜻하지 않은 시련이 닥쳐도 잠시 멈춰보자. 그리고 한 발짝 물러나서 냉정하게 지켜보면 또 다른 관점에서의 해결책이 나타난다는 것을 잊어서는 안 된다. 아니 포기만 않는다면 더 멋진 성공의 기회임을 알아야 한다.

결코 남에게만 좋은 사람은 이제 그만하자. 정말 내가 원하는 것을 찾아 온전한 나로 살기를 바란다. 그리고 정말 나를 위하는 나로 살아가자.

그렇게 내가 세상에 온 진짜 이유를 놓치지 말자.

3

.

.

.

나는 남의 인생
매뉴얼대로 살았다

꽃의 계절 3월이 왔다. 아름다운 매화꽃이 피어나고 벚꽃도 질세라 만발하고 있다. 사람들은 답답한 일상에서 벗어나고자 가족들과 꽃 나들이를 다닌다고 분주하다. 올해의 봄은 그동안 느껴보지 못한 혼동의 봄이다. 1월부터 서서히 발생하던 코로나바이러스가 세계를 덮치고 있다. 너무 급작스럽고 손쓸 여력도 없이 전염병이 퍼져나가고 있다. 이 듣도 보도 못한 전염병은 아무런 증상을 느낄 수 없는 잠복기가 최소 2주 이상이라고 한다. 그렇게 거의 느낄 수 없는 증상으로 자신도 모르게 다른 사람에게 감염을 시키는 것이다. 누가 누구에게 감염시키고 감염되고 있는지 예측을 할 수가 없어 모두가 경계 모드다. 이 바이러스는 중국을 시작으로 전 세계에 수천 명 이상의 사망자를 발생시키고 있다. 도대체 우리의 미래는 어디로 가는 것일까. 이 대담한 바이러스는 사람들을 공포와 두려움의 도가니로 밀어 넣고 있다. 불과 한두 달 만에 사람들의 정신세계를 초토화하려 들고 있다. 만물의 새싹이 움트는 봄이면 사람들은 벚꽃 향연에 너도 나도 동참하게 된다. 겨우내 움츠러들었던 사람들은 삭막하고 칙칙한 겨울을 벗어던지고 꽃향기와 봄 햇살, 봄바람을 맞고자 모여든다.

이렇게 좋은 계절에 힘들다는 비명이 곳곳에서 쏟아지고 있다. 몇 년 동안 하향곡선을 그리던 자영업은 이제 이 코로나바이러스의 직격탄으로 이러지도 저러지도 못하는 딜레마에 빠졌다. 다들 고민의 늪에서 빠져나오기 힘들다. 몇 년 전부터 우리 매장은 구인도 힘들고, 수익도 떨어졌다. 우리는 오랫동안 함께 한 동료, 후배들의 결혼과 출산, 그리고 매장 오픈 등으로 함께 일하는 인원이 많이 줄었다. 축하할 일들이 많이 생긴 것이다. 동시에 고객 이탈로 매장이 아주 조용해졌다. 한 자리에서 20년을 했으니 참 오래 했다. 워낙 성격이 진득하다 보니 20년이라는 시간이 훅 지나가도록 한자리를 지키고 있다. 그동안 많은 미용 후배들이 우리 매장을 스치고 지나갔다. 그리고 많은 고객도 방문해주었다. 20년 전 대학생이었던 고객 중 중고등학생의 자녀를 데리고 방문하는 분들도 많다. 정말 고맙고 행복한 일이다. 오랫동안 한자리서 하다 보니 한 사람의 어릴 때와 나이 듦까지 같이 나눌 수 있어 일에 대한 보람을 느낀다. 그리고 세월의 무상함도 함께 느낀다.

얼마 전에도 중년의 남성이 대학생인 아들과 함께 들어오셨다. 그리고는 자신은 김해에 사는데 예전에 자신이 대학 때와 결혼 때 여기 다녔다며 인사하셨다. 그리고 기억이 나냐고 물어 오신다. 자세히 보니 신기하게도 가물가물 어릴 때의 그분 얼굴이 떠올랐다. 참 반가운 인연이었다. 곧 아들이 대학교 입학이라 온 김에 생각나서 들렀다고 하신다. 너무 감사한 일이다. 잊지 않고 들러주시고 멋지게 잘 사는 모습까지 보여주니 더욱 감사하다. 그렇게 한자리서 오랫동안 하다 보니 겪는 기쁜 일이다. 그분 덕분에 그날은 참 흐뭇한 날이었다.

20년도 더 전에 내가 20대 때가 기억난다. 그때 아마 우리나라의 IMF가 터진 시기였던 것 같다. 그 시절 나는 20대였으니 아무 생각이 없었지만, 그때도 다들 경기가 너무 안 좋다고 했다. 그리고 살아오는 동안 매해 경기는 안 좋았다. 그런데도 내가 철들고 발생한 불황 중에 지금이 최고로 안 좋은 경기인 것 같다. 여러 악재가 겹친 것이다. 코로나바이러스까지 겹쳐 공장가동을 중단하고 집에서 꼼짝 말라고 경고하니 심각하다. 아니 무슨 경기가 나쁘다, 나쁘다 하더니 이런 사태까지 경제에 직격탄을 가할 수 있단 말인가. 무슨 하늘에서 폭탄이라도 떨어진 것처럼 불안과 불황의 직격탄을 맞고 있다. 그런데 문제는 이제 시작이라고들 한다.

그동안 살아온 나의 삶의 방식을 뒤흔들어놓는다.

청춘을 바쳐 이룬 삶이 신기루일 수도 있다. 앞으로 자영업의 방향은 어디로 향하는 것일까. 요즘 바쁜 곳은 온라인 판매업체, 택배업체, 마스크 공장, 그리고 환자들을 위해 고군분투하는 의료진들, 이 난리를 수습하는 일선 행정공무원 등 이런 순서인 것 같다. 그 외는 경남의 큰 대기업 한곳이 문을 닫니 마니, 그 밑의 하청 업체가 줄도산이니 어쩌냐고 한다. 그리고 더 많은 나라 경제의 위험을 알리는 빨간 경보가 울리기 직전이다. 이런 상황에도 우리처럼 영세한 업체만 힘들다. 아마 부자의 상위 몇 프로는 오히려 이 위기가 더 많은 부를 축적하는 계기가 될 것이다. 인생은 참 불공평하게 달려가는 듯하다.

지금은 사람들이 최대한 접촉을 피해야 한다. 알 수 없는 사람들끼리의 접촉으로 발생할 수도 있는 확진자를 막기 위해서이다. 고객들은 밖을 다니고 사람과 부딪히는 것을 자제하다 보니 머리할 시기도 잊고 지내는 것 같다. 이렇게 몇 개월 지속하면 전 세계적으로 장발이 다시 유행하지 않을까 싶다. 과거에 내가 꿈꾸던 이십 대 때는 삼십 년 열심히 하고 나면 분명히 큰 보람과 함께 안정된 삶일 줄 알았다. 그렇게 하고 싶은 거 자제하며 열심히 한 결과가 과연 이것일까. 도대체 세상은 거꾸로 돌아가는 것 같다. 누구를 위해 청춘을 바쳐 일하고 노력해왔는지, 모든 삶의 의미를 다시 생각하게 하는 것 같다. 아니 다시 생각해야 한다.

몇 년 전부터 열심히 산만큼 따라 주지 않는 현실에 대한 회의가 느껴지곤 한다. 우리 일은 기술 전문, 서비스직이다. 대학을 나오든, 자격증을 취득하고 취업하든 실무경험 없이 시작한다. 누구든 그렇게 전혀 실무경험이 없는 단계에서 시작하여 실무경력을 쌓아 간다. 손으로 손쉽게 사람들을 아름답게도 멋지게도 만들어내는 보람과 만족감이 있다. 우리 브랜드 회장님께서는 "우리의 직업은 명품 직업이다."라며 자부심을 느끼고 임하라고 젊은 미용인에게 말씀하신다. 그 말씀에 공감한다. 그리고 남들과 다른 무언가를 만들어가야 한다.

큰 변화가 필요하다. 명품 직업이 되기 위해 모두 공감할 수 있는 나만의 시스템이 필요한 것 같다. 너무 많은 매장이 생겨난다. 그리고 경쟁업체들의 과다는 가격 인하로 승부수를 던져지기도 한다. 이것은 제 살 깎아 먹기 식으로, 이것은 좀비의 행태다. 갈수록 명품과는 거리가 멀어지지 않을까 싶다.

이 일은 기술을 제공하고 서비스를 제공하는 것이다. 서비스업은 배려심이 많이 요구되는 직업이다. 고객을 위한 서비스, 상대를 위한 배려가 몸으로 드러나야 한다. 쉽게만 생각할 수 있는 직업은 아니다. 서비스

직은 아무나 할 수 있는 것도 아닌 것 같다. 나를 낮추고 상대를 올려주며 소소한 서비스를 제공해야 한다. 이 일은 절대 쉽지 않다. 그만큼 힘든 일도 많다. 같이 일하는 동료를 실력자로 양성시키고 실무경험 없는 친구들을 잘 할 수 있게 물심양면 기회를 제공해야 한다. 그렇게 배운 친구들과 오랫동안 같이 일하게 되면 좀 낫다. 하지만 잦은 이직과 때로는 깊은 생각 없이 해나가는 사람과 함께 해야 할 때는 한계를 많이 느낀다. 가르쳐서 잘할 만하면 그만두거나 유익한 정보와 발전할 기회를 제공해도 배우고 이룰 생각이 없는 경우도 많다. 이럴 때도 정말 보람을 찾기 어려워진다.

이런 여러 가지 상황에서는 누구라도 이제 오프라인의 매장을 오픈한다면 대단한 아이템이 필요한 듯하다. 지금의 자영업은 이중, 삼중고의 어려움에 직면해 있다. 그런데도 바로 옆의 또 다른 곳은 신규 오픈을 위해 인테리어를 하고 오픈 준비를 하고 있다. 사람들은 안 겪어보면 모른다. 그렇게 투자해서 손해 보고, 힘들지 않을까 오히려 옆에서 걱정한다. 너무 모르고 섣불리 준비 중인 것 같다는 생각이 든다. 지금 대부분 사람은 말한다. 버텨야 한다고. 그리고 나는 다른 데서 큰 기쁨을 찾아간다. 나에게 위기는 기회이다. 요즘 나는 예전보다 더 바쁘다. 이번 코로나 사태가 생기기 전부터 준비하고 계획한 일을 해나가고 있기 때문이다. 이제 온전히 나를 위한 삶을 살아갈 준비를 하고 있다. 내 인생의 매뉴얼을 만드는 것이다. 너무 흥분되고 기쁜 일상이다. 이렇게 요즘처럼 조용할 때 더 많은 나의 꿈을 이루어나가는 시간을 할애할 수 있어 행복하다. 그것은 에너지가 넘치는 일이다. 사람들은 나이에 상관없이 꿈을 향하는 길에서 어린아이처럼 즐겁고 행복하다.

이제는 지금 하는 일에 안주하기보다 또 다른 욕망에서 오는 삶의 지혜를 실천하는 것이다. 매장이 예전보다 여유 시간이 많아진 요즘 나는 책 읽기를 즐긴다. 어릴 때는 몰랐던 삶의 지혜가 눈에 쏙쏙 들어온다. 어쩜 그렇게 옆에 두고도 눈에 안 들어오던 책 속 메시지가 내 마음과 영혼을 흔드는지. 선현들은 우리에게 당신들이 깨달은 지혜와 진리를 자세하게 책으로 알려준다. 옛날부터 '책에서 길을 찾아라. 책에 삶의 지혜가 있다'고 했다. 이 모든 말의 진리를 내 나이 50이 다 되어 이해한다.

그렇게 하루가 거의 나는 우리가 만들어놓은 관습대로 살아왔다. 남들 사는 대로, 남들이 원하는 대로 살아온 것 같다. 이제 나는 더 많은 삶의 지혜가 담긴 책과 사랑하고 싶다. 그렇게 나의 내면을 새롭고 놀라운 세계, 의식의 확장으로 내 안의 잠재의식을 깨울 것이다.

그리고 지금부터 내 인생을 매뉴얼하고 새로 단장하는 것이다. 내가 하고픈 모든 것을 이루어나가는 것이다.

'해리포터' 시리즈의 저자, 조앤 K. 롤링

세계적 돌풍을 일으킨 판타지 소설 '해리포터' 시리즈의 저자 조앤 K. 롤링은 『해리포터와 마법사의 돌』을 창작하던 시절 직업도 없었고, 남편과 헤어져 어린아이를 키우면서 글을 써야 했다. 불우한 환경을 딛고 일어선 조앤 롤링의 삶은 그 자체로 하나의 동화이다. 그녀는 어릴 적부터 글쓰기를 좋아했고 대학교 때도 열심히 자신이 들어야 하는 수업보다는 문학사나 고전들을 많이 들었다고 한다. 그녀는 생계 보조비와 주택 수당에 의지해서 궁핍한 생활을 유지하며 해리포터 이야기를 이어나갔다. 상상의 세계 속에서 '해리포터'와 함께 지내던 달콤한 기간 그녀는 어머니의 상을 치르게 된다. 어머니 죽음의 충격으로 우울증까지 걸리며 힘겨웠다. 그녀의 생계 보조비와 주택 수당에 의지한 궁핍한 생활 속에서 '해리포터'는 완성되었다. 여러 출판사의 번번한 거절 후 첫 책 출간 4년 후 21개의 상과 온 세계에 열풍을 일으켰고, 지금은 억만장자로 행복에 넘치는 삶을 살아가고 있다.

4

.

.

.

왜 그렇게
열심히 살았던 걸까?

20대 때 나는, 내가 사십이 되면 일은 은퇴한다고 생각했다. 그 시절 나는 오전 9시부터 저녁 10시까지 근무하고 일주일에 한 번 쉬며 앞만 보고, 힘들어도 열심히 일했다. 그리고 생각했다. 삼십 대의 나는 무조건 7시 퇴근하는, 무리하지 않는 평생직장으로 여유로운 일을 하리라 다짐했다.

퇴근 후의 편안한 저녁을 나의 시간으로 보내고 싶었다. 늦게까지 매장에 매이고 싶지 않았다. 그리고 그 시절엔 전업주부도 많았다. 나도 당연히 결혼해서 가정에 충실하며 일은 사십 대엔 은퇴한다고 생각했다. 나는 은퇴를 생각한 40대 이후의 인생계획은 특별히 없었던 것 같다. 막연히 신랑과 함께 아이들 키우며 잘살고 있을 거로 생각했다. 그렇게 일은 열심히 하되, 삼십 대까지만 한다고 생각한 것이다. 내 인생이 이렇게 펼쳐질 줄은 상상하지 못했다.

　우리 집은 전업주부로 사셨던 엄마의 적극적 권유로 자매들이 다 미용을 배웠다. 엄마는 항상 여자도 평생 직업이 있어야 한다고 말씀하셨다. 그래서 우리는 아주 특이하게 자매들이 다들 미용 일을 했다. 처음에는 광안리 쪽에서 작게 하다가 대학교 근처로 매장을 옮겼다. 그 당시 최신 인테리어와 특이한 신규홍보 마케팅으로 유명항공사 사보에도 게재될 만큼 나름 성과가 좋았다. 우리가 해나가던 미용실은 건물 사정상 옮기게 되었다. 그런데 문제가 생겼다. 아무도 책임지고 할 사람이 없었다. 언니들은 결혼했기에 그 무거운 책임이 갑자기 나한테 온 것이다. 언니들 밑에서 그냥 열심히 하던 나는 생각지도 못한 책임감의 무게까지 짊어졌다. 그렇게 느닷없이 모든 매장 운영 계획과 책임의 방향이 나에게 맞춰졌다. 나는 어렸고 항상 위로 든든한 언니들이 있는 다섯째로 살아 그런 책임이 나에게 올 줄은 몰랐다. 갑자기 내가 우리 집을 책임지는 상황이 된 것이다.

　내가 30대 초 브랜드매장을 오픈하고 운영하게 됐던 이유이다. 나의 편안한 30대, 나만의 인생계획으로 꼭 채운 30대를 보낼 기회는 사라지게 되었다. 나는 그렇게 떠밀려 50평 규모의 일하는 동료가 15명 이상 되는 매장을 책임지게 되었다. 그런데도 운이 좋았다. 큰 책임감으로 열심히 했더니 세련된 인테리어를 갖춘 브랜드미용실로 입소문을 타 2~3개월 만에 성과도 났었다. 그리고 한결같은 마음으로 열심히 했다. 그때 온통 나의 관심사는 잘 해낸다는 생각밖에 없었다. 왜 그렇게 내가 열심히 하는지에 대한 생각보다는, 오너의 책임감으로 잘 해내기 위해 무조건 열심히 했던 것 같다. 그때 내게 매장은 가족과 동료들 모두의 삶의 터전이었으니 아주 중요했다. 그동안 내가 열심히 살아온 이유는 충분하지 않은가.

얼마 전 나의 꿈은 어깨 위의 짐을 내려놓고 여유 시간을 갖는 것이었다. 그동안 일한다고 놓친 여러 가지를 배우고 싶었다. 배우는 즐거움의 여유를 갖고 싶었다. 나는 '여태 너무 열심히 살아왔으니, 좀 쉬엄쉬엄 일하며 배우고 싶은 거 배우며 삶을 누리는 여유를 가져야겠다.'라는 생각이 계속 이어졌다.

지금 미용을 시작한 지는 28년 정도 되었다. 그리고 지금 매장은 한 자리에서 20년 정도 되었다. 참 오랫동안 한 자리를 지킨 것 같다. 장사해 본 사람은 알고 안 해본 사람은 모르겠지만, 한곳에서 오랫동안 한다는 게 결코 쉬운 일은 아니다.

나는 이렇게 열심히 꿋꿋이 해나가는 게 인간의 도리이자, 살아가는 신념이라 생각했다. 성격도 딱히 변덕스럽거나 싫증을 내는 성격이 아니기도 하다. 뭔가를 해야겠다고 하면 진득하니 해내는 스타일이다. 아마 그래서 이렇게 오랫동안 해낼 수 있었던 것 같기도 하다. 20대 때부터 나는 책임감이 강한 편이었다. 20대 초 직장 다닐 때도, 미용을 배우고 익히던 인턴 시절 때도 항상 싫은 내색 없이 묵묵히 해내려 했다.

내가 어릴 때 부모님은 먹고살기 바빠 우리를 세심하게 보살펴 주지를 못 했다. 나는 지금도 곧잘 그런 얘기를 한다. "난 어릴 때 왜 공부하는지를 몰랐어. 부모님이 나를 좀 잘 챙겨주었으면 참 좋았을 텐데, 공부는 왜 해야 하고, 공부를 잘하면 다음에 어떻게 살아갈 수 있다."라고 말을 해주는 사람이 없었다며 하소연하기도 한다. 어린 내게 부모님의 사랑이 더 많이 필요했음을 얘기한다. 어릴 때 나는 부모님의 관심을 받고 싶었다. 하지만 바쁜 부모님이 나와 대화할 일은 거의 없었다. 우리 형제는 "어릴 때 우린 방목됐다."라고 자주 말한다. 부모님도 처음 하는 부모 노릇에 너무 많은 자녀를 두다 보니 힘겨웠고 잘 모르고 키웠던 것이다.

공부를 왜 해야 하는지도 몰랐던 나는 노는 데 집중했다. 동네 친구들 다 모아놓고 밖에서 뛰고 놀았다. 지금 아이들은 듣도 보도 못한 놀이가 그때는 많았다. 장난감이 많이 없고 컴퓨터가 제대로 없던 시절이라 밖에서 뛰어다니며 다양한 놀이를 했다. 지금 생각해보면 부모님 입장에서 얼마나 내가 한심했을까? 엄마 아버지는 그 많은 철없는 어린 7남매를 먹여 살리느라 눈코 뜰 새 없이 바쁜데, 착하게 생긴 딸이 공부는 안 하고 맹탕 놀기만 했으니, 기가 찰 노릇이었을 듯하다. 그런 부모님 속도 모르고 나는 책은 거의 안 봤었다. 그 시절 내가 책을 많이 보고 공부했다면 꽤 똑똑한 어른이 되었을 것 같은데 말이다. 물론 공부를 잘하는 애들은 스스로 알아서 잘하는 애들일 것이다.

학창시절을 그렇게 보내고 20대 때는 빨리 취업을 해서 돈을 벌어야 한다고 생각했다. 집에 보탬이 되고 싶었다. 스무 살이면 아직 어린 나이인데 결코 힘든 내색을 하지 않았었다. 당연하게 생각하고 묵묵히 기술 배우며 꿋꿋이 일했다. 그때도 나의 마음 한 곳에는 책임감이 컸다. 부모님 속 썩지 않게, 신경 쓰이지 않게 하고 싶었다. 항상 부지런히 해서 걱정 끼치는 딸이 아닌 든든한 딸이고자 했다.

우리 집은 아버지께서 내가 20살쯤에 직장을 퇴직했었다. 아마 막내 남동생이 초등학교 6학년쯤이었던 것 같다. 자녀는 어린데 그렇게 일찍 퇴직하시게 되셨다. 아버지가 직장을 다니실 때도 엄마는 항상 생활비가 턱없이 모자라 힘들어 했었다. 엄마의 얼굴에는 항상 수심이 가득했다. 이 많은 자식 배 안 굶기고 먹이랴, 학교 보내랴, 없는 돈을 쪼개서 살림

사시느라 많이 힘들었던 것이다. 엄마는 의지할 친정도 없었다. 그리고 나는 자연스럽게 어린 나이에 철이 빨리 들고 책임감은 강해졌다. 그렇게 열심히 하면서 책임감 있게 하다 보니 남들보다 일찍 큰 매장을 운영하며 성과도 나고 오랫동안 잘해왔다.

하지만 이제 자영업은 넘쳐난다. 운영은 만만치 않다. 오프라인 숍은 기본비용이 너무 많이 든다. 거기다 지나친 경쟁으로 여유로운 삶과는 점점 멀어지는 듯해서 그동안 열심히 한 보람을 찾기 어렵다. 그러니 젊은 친구들은 힘들게 배우려는 사람은 적고, 하다가도 전업하는 친구들도 많다.

지금 누군가가 자영업을 하기 위해 인테리어나 비품에 투자할 돈이 있다면, 차라리 초기 비용이 많이 안 드는 일을 하면서 나머지 돈으로 배움에 투자하라고 말해주고 싶다. 요즘은 누구나 알 듯 자영업은 많은 돈을 들여서 손해 보는 경우가 너무 많다. 그래도 취업하기가 힘들어지고 명예퇴직 같은 퇴직자가 많아지다 보니 마땅히 할 게 없는 사람들이 손쉽게 하는 것 같다. 물론 당사자는 투자와 위험을 감수해서 하겠지만, 너무 많아서 포화 상태를 넘었다. 이제는 더 심사숙고하여 배움에 투자하고, 내가 열정을 다할 수 있는 일, 기본투자가 적은 1인 지식창업을 해야 한다.

지금에 와서 현실에 부딪히다 보니 이런 생각이 든다. 그리고 깨닫는다. '난 왜 그렇게 열심히 했던 걸까? 그렇게 열심히 했다면 대단한 뭔가를 이뤘어야 하는 건 아닌가? 열심히 했는데 지금 도대체 뭔가? 왜 그렇게 열심히만 한 걸까?' 세상의 급변을 따라가지 못한 것 같다. 그것은 어떻게 보면 퇴보한 것이다. 지금은 감히 말할 수 있다. 절대 열심히만 해서는 안 된다고!

열심히 한 내가 딱히 내세울 게 없는 듯해서 안타깝다. 도대체 내 인생의 배는 어디로 가고 있는지, 지금은 예전처럼 누구든 열심히만 해서는 절대 안 된다. 내가 특별해지는 길을 가야 한다. 우리는 다 특별한 존재이기 때문에 결코 이렇게 힘들게 살려고 이 세상에 온 것이 아니라는 것을 명심하자. 이제 나는 특별한 나를 위해 또 다른 열정이 솟아난다.

당신도 함께 특별하게 살아가자!

5

·

·

·

나는 왜
똑똑하게 살지 못했을까?

갑작스러운 세상의 위기에 온 세계가 연일 떠들썩하다. 코로나 19의 대유행으로 세계 각국은 앞다퉈 빗장을 걸어 잠그고 있다. 감염병 확산을 막기 위해 유럽 등 세계 각국은 외국인 입국 금지 조처가 내려지고 있다. 어느새 '외환위기'의 공포가 스멀거리고 있다. 최근엔 증시 폭락의 여파로 서울 외환시장에서 환율은 치솟고 있다. 우리나라는 1997년 IMF를 겪으면서 외환위기의 위험성을 너무 잘 알고 있다. 당시 대기업과 시중은행이 줄줄이 쓰러지고 실업자가 쏟아졌다. 지금은 세계 경제가 패닉에 빠지고 있다. 빨리 코로나 19를 극복할 수 있는 백신이 나오기를 바란다. 백신 개발은 최소 6개월 이상 걸린다고 한다. 이 위기를 극복하기 위한 세계의 두뇌를 총동원한 협력으로 더 많은 희생자와 피해자가 생기지 않기를 바란다. 세상에는 서민은 경험해보지 못한 단위의 부를 소유한 부자들도 많다. 부모님 이전의 윗세대부터 집안이 짱짱한 사람들도 많다. 그들은 벌써 이 위기를 이겨낼 비상대책을 마련했으리라. 모든 위기의 가장 큰 피해자는 아무런 대책과 위기 극복 능력이 없는 우리 시대의 서민들일 터이다.

나의 삶은 성실하게 열심히 사는 것에 열중했던 것 같다. 그렇게 열심히 하면 10년, 20년 후 뭔가 이루어낼 줄 알았다. 아니면 최소한 후회 없이 사는 삶이라 생각했다. 그러나 삶은 어떤 방식으로든 살아온 날의 후회나 미련이 남는 것 같다. 그때 좀 더 다르게 현명하게 대처할 걸 같은 후회 말이다. 나도 오랫동안 여러 명의 직원을 이끌면서 항상 현명 하려 애썼다. 나의 귀는 두 개인데 직원들의 입이 많아 요구사항도 많았다. 여러 가지 상황 판단을 하며 결론을 낼 때면 항상 입버릇처럼 "아유, 머리 아파.", "신경 쓸 게 너무 많아."라고 토로했던 것 같다. 그렇게 나는 30대 때 흰머리가 늘어갔다. 많은 사람과 매장을 관리하면서 머리를 싸매느라 그런 거로 생각한다. 신경 쓴 만큼 매장은 조금씩 성과가 나타났다. 직원들의 2호점 요구와 함께 정체에 빠지지 않기 위해 두 번째 매장도 오픈했다.

두 번째 매장을 운영하고 2년 정도 되어가는 시점이었던 것 같다.

2009년도이다. 두 번째 매장이 크게 매출이 확 오르지는 않았지만 조금씩 나아지고 있었다. 그러다 보니 내가 매장에서 자리를 지키기보다는 한 군데 더 하는 게 낫겠다는 판단이 생겼다.

그렇게 현명하지 못해 저지른 경험이 있다. 세 번째 매장 오픈을 생각하며 철학관을 갔던 기억이 난다. 아주 씁쓸한 기억이다. 지인은 잘 맞힌다며 철학관 얘기를 했다. 매장 오픈 계획이 생기자 문득 가보고 싶어졌다. 매장 오픈에 따른 운은 따라주는지, 궁금했다. 그렇게 언니랑 함께 철학관을 가보게 되었다. 약간 몸이 불편해 보이는 분이 생년월일로 사주 철학을 풀어주는 곳이었다. "매장을 하나 더할까 싶은데 어떤가요?"라고 여쭸더니, 여러 가지 설명 끝에 "광"자가 들어가는 곳에서 잘할 운이 있다는 것이었다. 생각하고 있던 "광안리" "광복동"에 운이 있고, "잘 맞는다."라는 것이었다. 운만 따라준다면 세 번째 매장을 할까 생각하고 간 철학관이었다. 때마침, 그런 운을 접하니 빠르게 결정까지 해버렸던 것 같다. 그렇게 10년 전에 나는 세 번째 매장을 오픈했었다. 사실 그때, 좀 더 신중해야 할 여러 조건과 상황이 있었다. 부족한 자금을 어떻게든 채워 건물을 사서 할 것인지, 쉽게 임대할 수 있는 비어 있는 매장을 할 것인지의 선택 등도 그중 하나였다. 더 고민하고 똑똑한 판단을 해야 했는데 현명하지 못하게 너무 성급하게 했었던 것이다. 전혀 급할 게 없었는데 그런 상황을 만들었다. 그리고 많은 투자와 노력을 했지만 결국 실패의 쓴맛을 제대로 본 기억이 있다. 그렇게 신중하지 못했던 결정으로 몇 년 고생하며 노력했지만 실패한 매장의 기억에 철학관이 있었다. 이 기억은 성급하게 남의 말만 믿고 급하게 큰일을 벌였던 나의 부끄러운 실패의 원인이기도 하다. 그때 좀 더 현명한 판단을 해서 매장을 늘리기보다 다르게 신중하게 투자를 해야 했는데 싶다. 그렇게 내 인생의 큰 시련의 한 페이지를 장식했다. 참 똑똑하지 못했던 것 같다.

나는 어릴 때 '총기 있다. 똑똑하다.' 소리를 제법 들었던 것 같다. 그런데 언제부터인가 내가 똑똑한 삶을 산 것이 아니라는 인식을 하게 되었다. 너무 살아가는 일상에 젖어 살았던 것 같다. 좀 더 큰 인생의 그림을 그리고 갈구했어야 했다. 시간은 당겨진 순간 과녁을 향해 빠르게 날아가는 화살과 같다. 너무 빠르다. 우리는 일하는 시간을 줄여야 한다. 생각할 시간을 많이 가져야 한다. 책 볼 시간을 많이 가져야 한다. 그렇게 배우고 공부해야 한다. 책임감에 사로잡혀 일만 해서는 안 된다. 고개 숙여 땅만 보며 살아가기보다 하늘을 보며 태양의 에너지를 받으며 상상의 날개를 편 자유인으로 살아야 한다. 상상으로 뭐든 이루어낸 결말에서부터 믿음으로 걸어 나가는 정신적 자유인 말이다. 그렇게 생각하고 실천해야 한다.

나의 영혼을 뒤흔든 형이상학자 네빌 고다드를 소개하고 싶다. 그의 저서 『네빌 고다드의 부활』, 『네빌 고다드의 5일간의 강의』, 『상상의 힘』, 『임모틀맨 I』등은 엄청난 영감과 진리를 가르쳐준다. 네빌 고다드는 "인간의 상상력을 이용하는 삶보다 더 지혜로운 삶은 없다."라고 한다. "자신이 기뻐할 만한 상상의 활동을 불러내어 현실로 만드는 사람은 운명의 지배자가 된다."라고 했다. 네빌 고다드를 접하고 나는 상상력의 법칙과 함께 지혜로운 삶을 살기로 선언한다. 그리고 똑똑하게 살아가는 내 인생의 길 안내자로 형이상학자 네빌 고다드를 따를 것이다. 자아를 성찰할 수 있는 책의 중요성을 알게 됐다.

예전에는 왜 그리도 책이 눈에 안 들어오고 머리에 안 들어왔던지, 참 어리석은 중생이었던 것이다. 지금이라도 여유 시간을 내어 책을 읽고 행동해야 한다. 내가 또 집중하고 싶은 것 중의 하나가 나의 경험을 공유하며 지혜를 나누는 것이다. 그러기 위한 방법은 더 많은 사람 앞에서 내 생각을 더 명확하게 전하고 그것을 즐기는 것이다. 소통하며 다른 사람과 나누는 방법이 될 것이다. 이제 지금껏 열심히만 했다면 똑똑함을 더하는 것이 아주 중요하다.

말을 잘하는 사람이 되는 것도 똑똑하게 살아가는 길이다. 머릿속에 다양한 지식과 아이디어를 가지고 있는데 표현하지 않으면 알 수 없는 것과 같은 것이다. 그리고 생각보다 여러 가지 지식이나 경험을 아주 유창한 표현력으로 말하는 사람도 똑똑한 사람에 속하는 것 같다. 말로 똑똑하게 살아가는 사람 중엔 개그맨 유재석 씨가 생각난다. 유재석은 거의 모든 인기 프로에는 참여한다. 엄청나게 많은 프로그램을 찍어도 사람들을 대할 때 한결같은 배려하는 말과 웃는 얼굴로 인기는 식을 줄 모른다. 그는 그만의 방식으로 똑똑하고 현명하게 참 잘 사는 것 같다. 그리고 가수 이효리도 말을 참 잘하는 사람 중 한 명인 것 같다. 마음에서 나오는 따뜻한 말과 자신의 경험에서 나오는 진솔한 말도 툭툭 명언처럼 잘 얘기한다. 아마 두 사람 모두 많은 노력과 자신들의 꿈을 향한 희생을 감내하며 얻은 결과일 것이다. 나보다 어리지만 말 잘하고 자신을 잘 표현하는 똑똑함이 느껴진다. 나 또한 부단한 노력으로 편안하게 나의 경험과 지혜를 나누기를 희망한다.

새로운 도전과 꿈을 꾸는 것이다. 우리가 똑똑하게 산다는 것은 어떤 것일까, 현명하게 산다는 것은 무엇일까? 내가 생각하는 현명함이란 우리가 이 세상에 온 목적에 부합하며 살아가는 것이다.

인생은 저마다의 크기와 무게의 가방을 메고 가는 것이다. 그래도 어쩔 땐 남의 떡이 커 보이고 남들은 더 좋은 조건과 환경에서 사는 것처럼 보인다. 또 살다 보면 어떤 친구는 나보다 작은 인생의 무게를 짊어진 것 같기도 하고, 또 다른 친구는 작은 짐을 가지고 자가용을 타고 고속도로를 달리는 것 같다. 내 짐만 너무 무겁고 가는 길도 험하고 외롭게 느껴진다. 그럴 필요 없다. 있는 그대로의 나를 사랑하는 똑똑함도 필요하다. 원하는 게 있으면 꿈꾸자. 그리고 배움에 망설임 없이 투자하여 이루자.

부족함을 느낄 때 채워나가자. 똑똑하게 살며 세상의 온갖 좋은 것을 누리며 안락하게 사는 것이다. 많은 사람이 꿈꾸는 삶, 이 세상에 없는 거 없이 다 있다. 이것을 다 누리는 삶을 사는 것이다. 그래, 쉽게 이루는 방법이 분명 있다. 오로지 상상의 힘으로 결말에서 이루어낸 것을 믿는 것이다.

〈성경〉에는 내 안에 겨자만 한 믿음만 있다면 못 이룰 것이 없다고 했다. 믿음으로 이루는 길을 걸어가자. 그리고 감사하자.

6

.

.

.

나는 왜
착하게만 살았을까?

지금 세상이 너무 어지럽다. 예고 없이 찾아온 코로나바이러스로 세계 경제가 뒤흔들린다. 나라마다 지역마다 공장과 가정의 문을 닫게 하고 움직임을 자제시키고 있다. 여태 살아오면서 처음 접하는 혼돈과 정신적 공황을 겪어본다. 세상이 지금 어떻게 변화하고 있는 걸까. 언제쯤 코로나바이러스는 멈추고 예전의 평화로운 일상을 가져다줄까. 지금 상황이 아직 어떻게 진행되어 가는지 예측을 못 하고 있다. 더 숨죽이고 지켜봐야 할 것 같다.

요즘은 나라 안팎으로 큰 문제가 직면해 있다. 일상에서 다양한 대처 방법들이 들려온다. '달러를 사라, 주식을 팔아라, 주식을 사라.' 등 너무 많은 부정확한 정보가 넘쳐난다.

여태 열심히 소박하게 살아온 우리는 어떻게 해야 하는지 더욱 판단하기 어렵다. 좀 더 편안한 노후를 위해 허튼짓 없이 열심히 착하게 살아왔는데 이 시대는 우리에게 무엇을 요구하는 것일까. 쏟아지는 멋진 물질들의 유혹에도 해당 없음을 선언하고 못 본 척한다. 그렇게 수수하게 살아왔다. 좀 더 안락한 노후를 위하여. 나이 들어 지금보다 더 편안해질 미래를 위하여.

지금은 힘들어도 나중에 훨씬 편해지길 희망한다. 일확천금을 꿈꾸기보다 성실히 저금하고 아끼며 착하게 살아왔다. 남들에게 피해 주는 일 없이 오로지 내 힘으로 버는 만큼 쓰며 열심히 해왔다. 그런데 어느 순간 노력해서 일군 매장의 가치가 뚝 떨어졌다. 지금은 로드숍은 넘쳐나고 소비심리는 위축되어 권리금이 없는 매장이 많다. 임대와 매매로 비어 있는 건물이 많다 보니 이런 현상이 생긴 것이다.

어릴 때 아버지는 회사에 다니셨다. 그렇게 회사에서 힘들게 일용 노무로 벌어오신 월급으로 우리 집 7남매를 키우고 할머니까지 부양하셨다. 아버지의 적은 월급에 엄마는 없는 돈으로 살림살이하기가 힘겨울 때가 많았다.

엄마는 아버지가 월급날 한잔하고 오시면 "월급도 쥐꼬리만큼 가져와서 어떻게 사냐."라며 속상한 마음에 수고하며 돈을 벌어오신 아버지께 잔소리를 했던 것이다. 나는 어릴 때 잠결에 그 얘기를 많이 들었다. 아버지는 월급날이면 기분 좋게 한잔하신 것인지, 힘들어서 한잔하신 것인지 한 잔씩하고 오셨다. 그리고는 우리가 잘 때 집에 오셨던 것 같다.

회사 다니시는 아버지의 박봉으로 힘겹게 살아가는 사정을 그렇게 알게 되었던 것 같다. 그렇게 나는 회사원이나 공무원은 적은 월급으로 힘들게 산다는 고정관념이 있었다. 그리고 사업을 해서 돈을 벌어야겠다고 인식했다. 내가 어릴 때 가졌던 사고는 나의 평생직장을 선택하는데도 영향을 주었다. 나는 회사원이 아닌 장사나 사업을 해서 안정적으로 돈을 벌기를 원했던 것이다. 그러나 10년이면 강산이 바뀐다고 삼십 년도 지난 지금은 또 다르다. 지금은 많은 청년이 공무원 시험과 대기업 취업에 목숨을 걸고 있다. 참 시대에 따라 이렇게 달라지는구나 싶다.

자영업 시장도 이렇게 포화로 넘쳐날 줄 알지 못했다. 좀 더 경제관념에 눈이 밝아 발 빠르게 시장을 읽었어야 했다는 생각이 든다. 지금은 남에게 서비스를 제공하는 일이 90년대 2000년대처럼 쉬운 일은 아니다. 그때는 별로 서비스라는 개념은 약했으니까. 지금은 경쟁이 심하고 사람들이 바라는 서비스 수준도 너무 높다. 그러다 보니 서비스를 제공하는 사람의 마음도 상처받는다. 힘든 만큼 보상이 따르면 그나마 낫지만 심한 경쟁으로 제 살 깎아 먹기 식 가격경쟁은 삶의 질을 떨어트린다.

급작스럽게 변화하는 현실을 보면, 아~ 왜 그리 착하게만 살았나 싶다. 도대체 착하게 살아온 사람을 구제해줄 세상은 어디인가. 나는 언제부터인지 기억나지 않지만 착한 사람 함정에 빠진 것 같다. 이제는 이 함정에서 빠져나오고 싶다. 누구 없나요? 나 좀 이 우물에서 건져주실 분~~! 나는 몸에 착함을 장착하고 살았다. 나에게는 언제나 착한 사람 옷이 입혀져 있는 것 같다. 그게 그동안은 편하고 좋다고 생각했다. 내게 잘 어울린다는 생각에 빠져 있었다. 이제는 내가 쉽게 벗어 던질 수 없는 "참 착하다."라는 말이 영 별로다. 나는 사는 동안 항상 "참 착한 것 같아요.", "참 착해 보여요."라는 말을 많이 들었다. 그러고 보면 나는 착하다는 말을 들으려고 애썼던 것 같다. 남들에게는 항상 친절하려 했고, 무슨 일이든 상대방을 먼저 배려하려 했다. 예전에 다들 순수하고 단순하게 살아가는 시절에는 이 말이 칭찬이 될 수 있었던 것 같다. 지금은 아니라는 생각이다. '착하다'는 말의 반대말은 '악하다. 흉악하다'지만, 희한하게도 '착하다'와 비슷한 말이 '선하다'가 아니라 '어리석다'로 해석되는 것 같다. 내가 살아보니 세상살이에 어리석어서 좋을 게 없다. 누가 내 밥그릇 챙겨주는 것도 아니니까. 그냥 고정관념이 착하게 열심히 살면 복 받을 줄 알았다.

그렇게 그땐, 열심히 사는데 못 이룰 게 뭐 있을까 했다. 그렇게 살아 보니 이제 알겠다. 다들 열심히 하니까 나도 열심히 했다는 것은, 남들만큼 딱 그만큼, 다들 사는 만큼 딱 그만큼인 것이다.

곰곰이 생각해보면 딱히 부모님이 착하게 살라고 얘기한 것 같진 않다. 그저 나의 부모님은 법 없이도 살 사람이라는 소리를 듣는 분들이었다. 그렇게 부모님 밑에서 길러진 우리 형제는 다 착하게 큰 것 같다. 언니들도 착하고, 동생들도 착했다. 그러다 보니 친구들도 거의 순한 애들만 만났던 것 같다. 좀 못되고 나쁜 분위기를 풍기는 애들은 한두 번 겪어보면 내가 피했다. 그렇게 나는 착한 게 좋았다. 내 마음이 편했던 것 같다. 아마 내 마음의 편견일 수도 있다 싶다.

주위 환경이 착한 사람 일색이기도 했다. 적어도 겉으로 드러나는 부분은 그렇게. 나는 착한 사람만이 정답이라는 착각에 빠져 있었던 것 같다. 착해서 얼굴이 착하게 생긴 건지, 얼굴이 착하게 생겨서 착한 것인지 헷갈린다. 내 얼굴은 동그랗게 유순하게 생겼다. 눈도 동그라면서 처져 있다. 코끝도 동글동글하다. 이렇게 관찰하다 보니 도저히 착하지 않을 수 없게 생겼다 싶다. 내 얼굴은 우리 가족 모두와 같이 눈꼬리가 축 처져 있다. 그래 내 얼굴을 자세히 보니 여기에 정답이 일부 있는 것 같다. 그렇게 착한 부모님의 유전자가 내게 그대로 옮겨진 게 아닐까?

그렇게 우리 가족은 특별히 모나거나 강한 성격의 소유자 없이 착하게만 살아왔다. 그렇게 손해 보는 듯 사는 게 낫다고 배웠다. 사람은 당연히 착해야 하는 거 아닌가. 나같이 '착한 사람 병' 걸린 사람의 고질적인 사고이다. 요즘 엄마들은 절대 그렇지 않다고 단호하게 말한다. 자녀에게 절대 "아휴 착하다. 그래, 착해야지." 따위의 말은 안 한다고 한다. 살아보니 결코 착해서 될 일이 아니라고 한다. '좋으면 좋고, 싫으면 싫고.' 자신의 의사를 분명히 해서 현명하게 살아야 하는 것을 아는 것이다. 착하게 살아 내가 불행해지는 일이 있어서는 안 되는 것이다.

"착한 끝은 있어도 악한 끝은 없다."라는 말도 어려서부터 들으며 자라왔다. 항상 친절하게 상냥하게 대해야 한다. 내가 접객하는 고객한테도 한결같이 친절하게 대해야 한다. 그렇게 일상 속에 길들어 착한 나는 더욱 단단하게 착함으로 무장되어 있다. 어떨 때는 내가 앞으로 다른 직업을 가진다면 절대 서비스업을 선택하지 않으리라 생각해본다.

나도 하는 일이 서비스업이다 보니 착하고 친절한 서비스를 제공하다 지칠 때도 많이 있다. 너무 많은 것을 요구하는 손님이 있다. 그럴 때는 어쩔 수 없이 지치게 된다. 착하게 하는 일을 멈추고 싶어진다. 그리고 내가 착한 마음으로 대한다고 상대방도 결코 그렇지는 않다. 남을 배려하지 않고 손해 하나도 안 보려고 하는 사람들도 있다.

이제 '착한 병'에 걸려 나의 행복을 놓치는 일을 만들지 말자.

인생은 내가 주인공이다. 주인공이 '착한 병'에 걸려 죽거나 힘들어하는 비극은 만들지 말기로 하자.

7

.

.

.

이제야 왜 이기적으로
살아야 하는지 알겠다

요즘은 하도 시국이 시끄러워 뉴스에 관심이 저절로 간다. 날씨는 아침부터 부슬부슬 봄비가 내린다. 비는 내일까지 올 것이라고 일기예보는 알려준다. 오전을 분주하게 보내고 나니 비는 그쳤다. 그렇게 비는 오다 그치기를 반복하고 있다. 사람들은 다들 마스크를 쓰고 다닌다. 아! 언제쯤 이 답답한 마스크를 빼고 우리는 당당하게 다닐 수 있을까? 마스크에 가려진 얼굴은 표정을 엿볼 수 없다. 이제 이것이 일상이 되어가려 한다.

오늘은 핸드폰 인터넷 뉴스에 감정이 북받쳐 오른다. 비 오는 오후 시간 잠시 한가한 틈을 타 핸드폰 검색을 했다. 남의 일인데도 내 가슴이 요동치고 눈물이 왈칵 쏟아지려 한다.

"마트에서 일하는 주제에…" 고객 폭언에 쓰러진 노동자 산재 인정

"적립카드 있으세요?" –마트 직원

"……." –고객

직원은 다시 고객에게 물어봤으나 말없이 지갑에서 카드를 찾음.

"찾고 있는데 왜 말이 많아?" –고객

"고객님이 말씀을 안 하시는 데 있는지 없는지 어떻게 알겠어요?" –직원

"여기는 고객 접대가 왜 이래?(계산을 하는 데 뒤돌아서며)" –고객

"고객 접대라니요. 여기가 술집입니까." –직원

"술집만 접대하나." –고객

"(돌아서며)여기서 일하는 주제에 왜 이렇게 말이 많아!" –고객

그렇게 직원들이 고객에게 그만하고 가시라고 말하고 중재되었다.

그날 계산업무를 하던 이 모 씨(58)와 고객 사이에 오갔던 대화 내용이다. 그리고 이 씨는 폭언을 듣고 퇴근 후 자택서 뇌출혈로 쓰러져 숨졌다. 이후 이 씨의 사망은 업무상 재해로 산업재해 판정을 받았다는 〈경향신문〉 기사이다.

진상 고객에게 받은 심리적 충격으로 사망까지 이를 수 있음이 인정되어 산재판정까지 받은 내용이었다. 오랫동안 서비스업을 하며 육체적, 감정적 노동을 하는 나로서는 이 기사를 보는 순간 내가 겪은 일인 양 감정이 북받쳐 오름을 겨우 진정시켰다.

평소 나는 매장에 함께 일하는 동료들과 신입 면접 시 항상 얘기한다. "미용실은 타 업종보다 일할 수 있는 환경이 훨씬 좋다"고, "계절에 맞춰 시원하고 따뜻한 환경에서 하고자 찾아오는 고객만 접객하고 스타일을 하면 되니까."라고 얘기했다. 우리 일은 고객도 예쁘게 해주고 나도 예쁘게 하며 꾸미고 가꿀 수 있는 장점이 있다. 허나 단점을 말하자면 단순히 물건을 파는 서비스업보다 훨씬 감정적 노동이 크다고 생각된다. 우리는 마트 직원이 겪은 감정 정도는 얼마든지 많이 겪는 일일 수 있다. 하지만 우리는 인내한다. 내가 택한 직업이기에, 이 직업을 선택한 내 죄로 겪는 고초라 생각했다.

그렇게 극도의 스트레스와 아픔을 주는 말을 꼬깃꼬깃 접어 가슴에 묻었다. 사람이 사람에게 주는 감정적 상처는 감내하기 어려울 때가 많다. 단지 어른들이 말하는 내 업이라 생각했던 것 같다. 속으로 울며 힘겹게 참아냈던 것 같다. 그렇게 마트 직원 이 씨가 받았을 감정은 그대로 내 가슴에 아렸다. 요즘 친구들은 대학에서 관련 학과를 전공한 후 관련 업무를 하는데도 전직하는 경우가 많다. 그동안 많은 일이 있어도 잘 감내하고 참아냈다. 그런데 이 무슨 일인지, 이 씨의 사연에 내 일인 양 가슴이 아려온다. 사람은 왜 그리 모진 말로 상대방에게 상처를 주는 것일까. 그런 식으로 상대방을 깎아내리고 자신의 위신을 세울 수 있다고 생각하는 것일까.

아무리 고위층이든 재력가든 고학력자든 상대방을 배려하는 마음을 잊지 말아야 할 것이다. 누구든 자신이 무엇이든 인성을 갖춰야 한다. 이 세상 존재하는 모든 것, 어느 하나 특별하지 않은 것은 없다. 각자 모든 것의 특별함을 잊는 어리석은 실수를 하지 않기 바란다. 그리고 우리는 좀 더 이기적일 필요가 있다. '그깟 한 사람이 뭐라고', '욕이 배 뚫고 들어오나?', '그래 너, 어디 한강서 뺨 맞고 어디서 화풀이냐?'라고 생각하고 툭 털어버리자. 그깟 별 볼 일 없는 나부랭이에 상처받지 않게 때로는 이기적으로 살 필요가 있다. 나는 사랑하는 가족과 더 오래 살기를 원한다. 감정노동자인 나는 미소 띤 얼굴로 더 냉철해지련다.

얼마 전의 일이다. 함께 일하는 동료이자 어린 후배도 마음의 상처를 입은 일이 있다. 일손이 부족한 상황에서 일어난 일이다. 나는 내 일이 바빠 뒤늦게 사태를 파악했다. 단골 고객이지만 담당자의 휴무로 그 고객을 새로 접한 스타일리스트와 생긴 일이다.

"3주 전의 헤어스타일 그대로를 해주세요."

"아, 네 투 블록이시네요. 그렇게 해드릴까요?"

"그건 모르겠고, 3주 전과 똑같이 해주세요."

설전이 오가며 헤어스타일이 오른쪽, 왼쪽을 조금 다른 형태로 마무리했다는 것이다. 고객이 오른쪽이 원하는 스타일이 아니라고 투덜거리니 주눅 든 스타일리스트는 왼쪽은 다르게 했다고 한다. 그렇게 좋게 마무리되는 듯했다.

이후 동료는 이 일에 회의가 든다면서 이 일 자체가 싫다며 불안한 눈빛을 하고 있다. 그리고 지인들과 통화에 다들 "고객이 잘못 했네."라고 위로했다고 한다. 그렇게 자초지종도 잘 모르는 나는 그 고객의 아내로부터 전화상으로 자기감정만 쏟아냄을 고스란히 들어야 했다. 고객은 좀 더 믿고 맡기던지, 아니면 원하는 것을 정확하게 설명해주면 좋으련만. 원래 '알아서 해달라는 사람이 제일 무섭다.'라는 말이 있다. 알아서 해달라는 사람은 더 주의해야 할 부분이 있다. 더 자세히 확인해야 한다.

자신의 잘못으로 힘들어하는 동료를 별일 아니니 상심하지 말라고 토닥이며 하루가 마무리되었다. 그렇게 동료는 며칠간의 트라우마를 겪은 후 다시 일상으로 복귀했다.

문제의 원인은 여러 가지가 있다. 그런데도 한 사람의 소중한 헤어를 만지는 입장에서 좀 더 현명하게 일해야 한다. 그리고 냉철하게 이성적으로 대처할 필요가 있다.

지금은 코로나바이러스로 온 세상이 너무 어수선하다. 갑자기 들이닥친 위기에 우리는 '멘붕' 상태이다. 앞으로는 더 많은 강력한 바이러스가 생겨날 것이라 한다. 지금은 건강했던 사람들도 갑자기 바이러스에 감염되고 격리된다. 감염자와 많이 접촉하지 않아도 가까운 거리에 함께한 것만으로도 쉽게 감염이 되기도 한단다. 간단한 접촉이 있었다면 바로 감염되었다고 생각해야 한다. 이 심각한 감염경로와 감염이 사람들을 공포에 떨게 한다. 거의 외출이 불가능하고 되도록 사람이 많은 장소는 멀리해야 한다.

우리는 카페에서 수다 떨기가 그립다. 가족이나 동료들과 함께 식당에서 함께 식사하던 시간이 그립다. 연인들의 친밀한 소곤거림이 그립다. 얼마 전의 소소한 일상이 큰 행복이었음을 이제 다들 안다.

이 바이러스가 치명적으로 확산이 되는 이유는 감염 후에도 잠복기가 2주 이상이라고 한다. 그러다 보니 감염을 인식하지 못한 이들이 다른 사람과 접촉하면서 더 많은 감염자를 일으키는 것이다.

세계적으로 하루아침에 몇천 명, 몇만 명의 확진자 소식이 전해져온다. 그리고 며칠 사이에 생사를 다르게 한 사람들도 기하급수적으로 늘어나는 나라도 있다.

삶이란 버둥버둥한다고 되는 일이 아니다. "진인사대천명"이라 이번 코로나처럼, 갑작스럽게 감염되어 위험에 처할 수도 있다. 최근 몇 년 사이엔 더 많은 예측할 수 없는 천재지변이 발생하고 있다. 아마 세계는 벌써 인간의 환경파괴에 따른 역습, 역공격을 받는 것은 아닐까 한다. 뜻하지 않은 사건 사고가 자주 발생하는 요즘, 좀 더 이기적으로 살아야 할 것이다. 아닌 것은 아니다. 많은 것을 내어주고 아프고 힘들어하지 말자. 오늘을 의미 있게 당당하게 해나가자. 내일 내가 바이러스가 침투해서 죽을 수도 있다는 심정으로 나를 더 많이 위하며 살자.

이렇게 큰 삶의 변화는 이제야 왜 이기적으로 살아야 하는지 알게 한다. 그렇게 또 나는 여태까지와 다른 마음을 갖기로 한다. 철저히 나를 먼저 생각하는 이기심을 갖기로 한다. 내 인생의 불행을 사전에 차단하는 것이다.

월스트리트의 억만장자, 크리스 가드너

영화 〈행복을 찾아서〉는 한물간 의료기기를 판매하는 세일즈맨 크리스 가드너(윌 스미스)는 물건을 팔기 위해 매일 최선을 다하지만 일은 마음대로 되지 않는다. 결국 아내까지 집을 떠나고 길거리로 나앉는 신세에서 아들을 위해서 살아남기 위해 고군분투한다. 처절할 정도로 가난한 삶을 살던 그에게 행복이란 아들과 함께 소박하고 평범한 삶을 사는 것이다. 그는 평범한 일상의 행복을 찾아 아들과 함께 치열하게 살아간다. 영화 속 크리스 가드너는 아들에게 말한다. "꿈이 있으면 지켜야 해. 남이 잘되면 배 아픈 게 사람 심리거든. 원하는 게 있으면 어떻게든 쟁취해."라고. 크리스 가드너는 고졸의 학력에도 불구하고 너무나 가난하고 힘든 우여곡절의 인생역정을 집념으로 20대 1의 경쟁을 뚫고 성공한다. 월스트리트의 억만장자 크리스 가드너의 이야기로 현재 그는 '홀딩스 인터내셔널' 투자회사 회장으로 밑바닥에서 금융업계 회장으로 성공을 이루었다. 크리스 가드너는 꿈을 가지고 어떤 어려운 일이 있어도 절대 희망을 잃지 말라고 한다. "나는 안 되는구나, 포기하고 싶을 때가 있다. 그럴 땐 지금 그 자리에서 다시 시작하라. 세상에서 가장 큰 선물은 자기 자신에게 기회를 주는 삶이다."라는 명언을 남긴다.

2 장

눈치 보지 않는 인생을 살아라

1
·
·
·

나는 나!
나답게 살기로 했다

　요즘은 세상이 너무 급변하여 예측이 어렵다. 어떤 방식으로든 미래는 천국과 가까운 세상이 되길 나는 바란다. 나는 예전에, 미래는 정말 살기 좋은 세상이 되리라 생각했다. 우리나라는 몇십 년 사이에 세계가 놀랄 만큼 비약의 발전을 이뤘다. 그리고 2000년대로 접어들어 빠르게 발전하며 참 살기 좋은 나라로 가고 있음을 실감했다. 그때는 '이렇게 살기 좋으니 앞으로는 얼마나 더 살기 좋아질까?'라고 생각했다. 그런데 현실은 어떠한가, 꼭 그렇지만은 않은 것 같다. 정말 요즘 같은 시대는 참 만족하며 살기 쉽지 않다는 생각이 많이 든다. 지금 우리나라는 세계 어느 나라보다 도로도 잘 뚫려 있다. 모든 면에서 대단히 발전했다. 빠르게 성장하는 경제발전만큼 열심히 일하고 저금도 하며 부유하게 살아가리라 희망했다.

빠른 경제성장과 문화 수준 향상으로 풍요와 번영을 향하는 초석을 다지며 더 많은 문화생활을 즐길 수도 있다. 그렇게 나의 20대, 30대 시절은 우리나라의 거듭된 발전으로 미래를 얼마나 멋진 세상으로 살아갈지 기대했다. 물론 그 시대에 상상할 수 없거나 상상만 하던 기기나 제품이 속속 현실에서 이루어지고 있다. 세상은 좋은 물건, 혁명적인 IT 기기로 넘쳐난다. 그렇게 상상이 현실이 된 이 시점 우리는 풍요에 풍요를 거듭하여 진정 '내적 풍요와 행복을 누리는가.' 하는 것이다.

내가 지금의 일을 한 지가 벌써 30년 가까이 되어간다. 하지만 오래된 만큼 나이가 들어 그런지 갈수록 회의가 느껴진다. 세상은 엄청나게 풍요로워졌는데 나는 왜 회의가 느껴질까. 너무 좋고 멋진 물건들이 넘쳐난다. 그렇게 열심히 일해서 그것들을 사들이기 바쁘다. 그렇게 디지털 시대에 맞춰나가야 한다. 세상의 발전을 누리고 살아야 하니까. 너무 많은 것이 쏟아져 나오는 데 따라가기 급급하다. 더 좋은 게 계속 생산되니 쓰레기 또한 넘쳐난다. 그렇게 세상은 멀쩡한 걸 버리고 새로운 최신형을 사기를 요구한다. 요즘은 쓰레기도 세계적 문제다. 이것은 우리가 사는 환경과 직결된다. 인간이 버린 쓰레기로 동물들은 고통받는다. 곧 그것은 인간에게로 역습될 것이다. 그렇게 발전된 세상은 행복하지만은 않다. 이 풍요로운 세상을 누리기만 하면 참 좋겠지만 그것을 누리기 위해 더 열심히 벌어들여야 한다. 그렇게 현실은 더 많은 것이 요구된다.

　내가 하는 일도 요금이 오히려 10년 전과 같거나 못하다고 느껴진다. 발전에 발전을 거듭한 세상의 단면인 것 같다. 모든 것이 좋아지고 더 나아지고 하면 좋을 것이다. 그러나 좋아진 게 10가지면 그것으로 인해 또 다른 10가지의 문제점이 생기는 것 같다. 거의 모든 업종은 무한경쟁 시대로 접어들면서 풍요 속 빈곤을 더 많이 느끼게 되는 것 같다. 그렇게 나도 살아남기 위한 치열한 경쟁 속에 그대로 노출되어 있다. 해마다 하는 일에 대한 만족도가 떨어지고 일에 대한 즐거움을 잃어 가는 것 같다.

　미용실은 넘쳐나고 미용 인구는 줄어드는데 물가 대비 미용요금은 오히려 마이너스인 듯하다. 지나친 경쟁으로 치솟는 물가와 임대료 인건비를 맞춰가기도 만만찮다. 몇 년 동안 이 일을 하면서 느낀 것이다. 해가 바뀔 때마다 직원의 인센티브 인상과 임금인상도 요구된다. 물론 당연히 물가가 올라가니 개개인의 임금은 인상되어야 한다. 하지만 물가를 따라가지 못하는 영세업체는 고용률에 기여하는 부분을 인정해서 나라에서 해결해야 할 문제인 것 같다. 우리 매장도 같은 상호의 브랜드매장이 불과 10년 사이 우리 지역에서만 수십 개 가까이 생겼고 같은 업종은 셀 수도 없이 늘어났다.

건축 자재 등 모든 물가 상승으로 매장 하나 내는데 드는 인테리어비 등 몇억 대의 돈을 투자하지만 정작 수입은 투자 대비 뚝 떨어졌다. 이 무슨 수학 공식이 적용되는 건지, 모든 물가는 올라가는데 내가 벌어들이는 수익만 떨어지는 느낌이다. 이 시대를 사는 우리의 느낌이리라. 그래도 '시대의 흐름이려니'하고 감수하고 인내하려 애쓴다. 그렇게 우리 매장도 조용할 때가 늘어나면서 나에게도 여유 시간이 많이 생겼다. 나는 차츰 스스로에 대해 많은 생각을 한다.

나는 오랫동안 매장 안에서 하는 일을 했다. 무엇보다 밖을 많이 다니는 영업직보다는 안에서 하는 일이 잘 맞는다고 생각했다. 나 자신을 가둬두고 수동적으로 살아온 것 같다. 그렇게 매장 내에서 하는 일로 만족하며 청춘을 보냈다. 일 년에 몇 차례의 여행으로 바깥세상과 소통하며 재충전했다. 나는 보이는 나보다, 때로는 더 능동적이고 적극적이다. 시간이 지나며 생각과 성향이 조금은 바뀐 것 같기도 하다. 나이 탓인가 싶기도 하다. 경험에서 오는 적극성 말이다. 이제는 더 넓은 세상으로 나가고 싶다. 매장 안의 공간이 좁게 느껴진다. "세상은 넓고 할 일은 많다!"라고 외친 고 김우중 회장이 떠오른다.

이제 활동적인 것이 좋다. 앞으로는 나는 여행의 즐거움을 더 많이 만끽하는 삶을 살고 싶다. 인생의 정답은 없다고 한다. 하지만 나는 여행

때마다 생각했다. "인생의 정답은 여행이다."라고 말하고 싶다. 예전에 다녔던 여행도 나에게 좋은 기억을 많이 남겨줬다. 이 아름다운 세상을 구석구석 경험해보고 싶다. 그렇게 살아 있음을 느끼고 싶다. 사랑과 축복이 넘치는 세상을 더 많이 경험하고 느껴보고 싶다. 가족과 함께 하는 여행을 많이 하고 싶다. 가족과 아름다운 곳을 함께 하며 더 많은 시간을 같이하고 싶다. 그렇게 갇혀 있던 나는 여행과 함께 힐링된다. 영혼의 자유를 만끽하는 시간을 갖자. 나의 버킷리스트에는 '가족과 함께 여행하기'가 있다. 앞으로의 나는 지금보다 더 충만한 삶을 살 것이다. 그리고 크루즈 여행으로 세계를 누비는 꿈을 꾼다.

그렇게 나는 당장 떠날 수 있는 크루즈 여행을 준비하고 있다. 전혀 부담스럽지 않은 금액으로 누릴 수 있는 럭셔리한 크루즈 여행이다. 이 멋진 여행 계획은 벌써 크루즈 여행을 다니고 있는 지인으로부터 소개받았다. 환상적인 프로그램과 시스템에 반해 나도 실행에 옮겼다. 이 세상은 아름다운 것들로 넘쳐난다. 그리고 시간은 쏜살같이 지나간다. 한 살이라도 더 젊을 때 세상의 모든 아름다움을 느끼고 가져보자. 세상은 경험해본 만큼 안다고 한다. 가져보고 누린 만큼 남은 생은 더 풍성해질 테다. 욕망과 꿈도 커질 것이다. 상상으로 이루어낸 꿈은 못 이룰 게 없다. 말로 형용할 수 없이 아름다운 자연이 주는 선물, 열심히 산 당신도 함께 여행 계획을 짜보자. 얼마든지, 누구든지 이룰 수 있다. 그리고 세상에는 멋진 집, 멋진 차, 멋진 가방, 멋진 시계 등 갖고 싶은 것들이 너무나 많다.

나답게 산다는 건 뭘까. 내가 원하는 것을 하고, 하고 싶은 것을 하며 삶을 누리고 함께 나누는 게 아닐까 싶다. 이제 내가 지칠 때까지 새로운 곳에 가보기를 도전하기로 한다. 나는 그동안 열심히 일했다. 나의 삶은 대부분이 일에 초점이 맞춰졌다. 쉬는 날도 더 발전해가기 위해 세미나도 빠짐없이 다녔었다. 그렇게 몇십 년을 살았다. 남들과 똑같이, 남이 추구하는 것에 따라갔다. 이제는 남 따라가는 내가 아닌, 온전한 내면이 원하는 나이기를 원한다.

지금까지의 나도 잘살아왔다고 긍정적으로 생각한다. 부족한 게 많은 나지만 최선을 다해 살았으니까. 어떤 이유에서든 일을 즐겼고 일로 성취감을 맛보았다. 그래서 이 정도의 마음의 여유도 누리는 것이리라. 40대까지의 나는 직원들과 함께 하는 삶을 이루어왔다. 프랜차이즈 매장을 하면서 동료들과 함께 이루어내는 데서 보람과 긍지를 많이 느꼈다. 나의 직업은 어떤 직업보다 명품 직업이라 생각한다. 고객 한분 한분이 변신하여서 나가는 것을 본다. 그것은 기쁨과 보람된 일이다. 내 일은 손으로 작품을 만들어내는 예술이라 생각된다. 살아 있는 예술품, 지속해서 관리해야 하는 예술품. 단지 아쉬운 것은 예술의 혼을 담은 작품 가격이 지나친 경쟁으로 너무 저렴하게 취급되는 아쉬움은 크다.

　이제는 나 스스로 명품인생을 살고자 한다. 오랫동안 정성 들인 일에서 벗어나서 다른 보이지 않는 길을 경험하는 것도 멋지지 않나. 세상의 흐름과 함께 추구해온 삶에서 벗어나 나답게 살기로 했다. 헤르만 헤세의 책『데미안』에서는 "새는 힘겹게 알을 깨고 나온다. 알은 세계다. 태어나려는 자는 하나의 세계를 파괴해야 한다."라고 말한다.

　나는 나답게 사는 방법으로 나를 일으켜 세우고 싶다. 나는 요즘 신대륙을 발견한 듯 모험심과 희망에 차 있다. 몇 년 전부터 여유 시간이 날 때마다 내면의 소리에 귀 기울였다. 그렇게 내가 진정 원하는 것은 무엇인지 진지하게 생각하는 시간을 많이 가졌다. 그렇게 찾아낸 형이상학자 '네빌 고다드'의 저서들과 나의 내면이 주는 메시지로 살고자 한다. 이제 또다시 나답게 잘살아보기로 욕망한다. 내 인생의 즐거움을 찾기로 했다. 인생 별거 없다. 내가 꿈꾸는 삶을 즐겁게 성취해나가는 게 인생 아니겠나. 그렇게 인생의 진리를 찾는 것이리라.

　진정 내가 꿈꾸는 삶을 살면 된다. 진정한 나로서 진리의 삶을 살자.

　그렇게 나는 나! 진정한 나로 나답게 살리라~.

2
.
.
.

내 인생 멈추면,
비로소 보인다

우리는 누구나 건강하기를 꿈꾼다. 오늘도 건강관리를 위해 나온 사람들로 동네 온천천 수변공원은 북적인다. 따뜻해지는 이 계절은 걷기에 최적인 것 같다. 따뜻한 햇볕 아래 자외선의 비타민D로 내 몸에 영양소를 채우며 걷기에 너무 좋다. 사람들이 가벼운 옷차림으로 운동하는 모습들이 보기에도 좋다. 벚꽃이 흐드러지게 피어나서 봄기운이 물씬 난다. 다들 직장 일로 바빠서 그런지 주말엔 벚꽃을 보러온 사람들로 온 동네가 들떠 보인다. 주말 한낮은 따뜻한 햇볕 아래서 휴식을 취해보자. 확트인 카페 창가에 자리를 잡고 차 한 잔의 여유로운 시간도 가져보자. 갇혀 있는 공간에서 벗어나 햇살과 봄바람을 맞으니 온몸이 충전되는 듯하다.

10년 전쯤인 것 같다. 몸은 자주 피곤했다. 잠시 앉아있으면 금방 눕고 싶었다. 오랫동안 앉아있기가 힘들 정도로 피곤함을 많이 느꼈다. 기분도 많이 가라앉고 푹 쉬고 싶다는 생각이 많았다. 식사를 하는 자리에서 가만히 앉아있지 못했다. 식탁에 팔을 올리고 몸을 기대어야만 앉아있을 정도였다. 그런데 그때는 몰랐다. 왜 그런지. 그냥 일을 많이 해서 피곤하다고 생각했다. 심신이 지친 정도라 생각했다. 그렇게 한참을 지나 친구와 식사 자리를 가졌다.

친구가 보기에 내가 많이 힘들어 보였던 것 같다.

"몸이 많이 피곤해 보인다. 일 좀 줄이고 좀 쉬어, 왜 그리 열심히 하는 거야."라고 했다. 그때 나는 내 몸이 뭘 말하는지 몰랐다. 그냥 아주 단순하게 생각했다. "응, 그렇게 보이지. 요즘 좀 피곤하네.ㅜ" 그러고는 무심코 지나쳤다. 그 시점에 나는 왼쪽 어깨를 타고 올라가는 목덜미 쪽으로 아주 심한 통증을 느꼈다. 너무너무 심한데 지속적이었다. 도저히 그냥 한 번씩 오는 편두통의 느낌과는 다르게 느껴졌다. 그렇게 몸 상태를 얘기하니 언니는 큰 병원 가서 검사를 해보라고 권했다.

그렇게 보통 때 와는 다른 느낌으로 치는 듯한 두통이 자주 찾아왔다. 큰 병원에 예약하고 검사를 진행했다. 결과는 우려와는 달리 신경성인 것 같다고 진단했다. 한마디로 눈으로 보이는 CT상에는 별 이상은 없다는 것이었다. 좀 더 세부적으로 이상 여부를 보려면 추가적인 검사를 받는 게 좋겠다고 했다. 눈에 띄는 이상이 없다는 말에 추가 검사는 포기했었다. 시간이 오래 걸릴 것 같아서 그랬다. 그런데 그 증상은 누적되는 피로와 신경성, 스트레스성으로 몸의 이상 신호였던 것이다. 그렇게 한동안 여기저기 통증을 느꼈지만 나는 처음 겪는 몸의 신호라 '왜 이렇게 피곤하지?'라는 생각만 하고 넘어갔다. 쉬는 날 좀 더 푹 쉬면 되겠지, 하고 생각했다.

몸에서 피곤하고 힘드니 좀 쉬라고 신호를 보낸 것이다. 그것도 모르고 딱히 병으로 나타나지 않으니 무시했던 것이다. 그렇게 일상을 이어갔다. '아, 몸이 많이 안 좋아.', '그래, 휴직하고 좀 쉬어야겠어.'라는 결정을 쉽게 내리지 못했다. 내가 쉬어도 시간은 흐른다. 당시 그 일상에서 내가 빠지면 퇴보할 것 같았다. 그렇게 몸이 말해주는 신호에 예민하게 반응하지 않았다. 휴식과 충전이 꼭 필요한데 말이다.

일하다가도 손에서 빗을 많이 놓쳤다. 그리고 일상에서 웃음도 많이 잃었던 것 같다. 당시에는 원인을 몰랐다. 그냥 '왜 이렇게 손에 힘이 없지?' 정도로 생각했다. 일상에 지쳐 스트레스를 받고 있었다. 그리고 챙겨야 할 것과 신경 써야 할 게 많았다.

그렇게 내 몸은 과부하가 걸린 것이었다. 그런데도 다 손을 놓고 잠시 재충전해야 한다는 생각을 못 한 것이다. 일에 매여 있었다. 나는 30대 후반으로 젊었고, 피로감도 그러다 풀리겠지, 라고 생각했다. 새로 오픈한 매장의 성과가 부진했으며, 그렇게 재미없는 일에 빠져 시간은 금방 지나갔다. 내가 하는 일이 긴 근무시간과 휴무도 명확하게 없이 관리하는 일을 이어갔다. 친구들과 함께할 시간도 갖지 못했다. 너무 미련하게 일에 매달렸던 것 같다. 평생 할 일을 일상을 즐기고 크게 넓게 보는 안목에서 접근했어야 했는데 싶다.

계속되는 피로감으로 일에 치여 컨디션이 자주 안 좋았다. 몸에 조금씩 이상 반응이 느껴져 가까운 병원에서 약 처방과 몸 상태를 체크했다. 큰 이상은 없고 약 먹고 하면 낫는다는 결과에 안심했다. 그리고 얼마 후쯤 심하게 하혈을 했다. 일주일 정도 더 지켜보았는데 그 증상이 지속하여 병원에 갔더니 큰 혹이 생겼다며 조직검사를 하게 되었다. 검사 결과를 일주일 정도 기다린 것 같다. 결과는 악성종양, 암 덩어리라는 것이었다. 순간 멘붕이 왔다.

전혀 예상하지 못한 결과로 그냥 모든 것이 정지 상태로 느껴졌다. 의사를 마주한 나의 표정은 굳어버리고 머리는 백지상태로 할 말을 잃었던 것이다. 그렇게 3~5분 정도의 시간이 흘렀던 것 같다. 한참 후 정신을 가다듬고 의사 선생님에게 어떻게 해야 하는 건지 상담을 받았다. 수술하든지 큰 병원을 가든지, 뭐 그랬던 것 같다.

나는 사실 평소에 죽는 것에 대한 두려움은 없었다. 주어진 환경에서 열심히 살았고 교통사고나 갑작스러운 죽음이 온다면 받아들일 생각이었다. 그렇게 죽음의 공포가 아닌 멘붕의 상태를 겪게 되었다. 내가 어떻게 해야 하는지 가족과 의논해야 했다.

가족과 지인들의 경험과 지혜를 모아 서울 큰 병원으로 갔다. 그리고 서울아산병원에 어렵게 입원 절차를 밟았다. 당시 나는 멘붕 상태였는데 가족과 지인들의 현명한 판단과 조언으로 빠르게 입원하고 수술받을 수 있었다. 그렇게 나는 운이 참 좋았다. 수술은 유능한 의사 선생님을 만나 편안하게 잘 진행되었다. 커져 있는 암 덩어리를 작게 줄인 다음 그 부분만 깨끗하게 도려내는 방식으로 수월하게 진행되었다. 그런데도 수술과 항암치료 등으로 6개월간 힘겨운 자신과의 싸움을 했다. 항암제는 악성 세포와 함께 건강한 세포도 죽인다고 하지 않나. 항암치료는 정말 힘들었다. 항암치료는 얼마나 강하고 독하면 건강한 모발이 항암치료와 함께 다 빠졌다. 생 모발이 두피에서 빠지는 고통은 정말 힘든 고통이었다. 그렇게 머리카락이 다 빠지는 고통과 함께 암 투병과 치료가 시작되었다. 참을성이 많은 나도 그때 참 많이 힘들어하면서도 잘 이겨냈다.

나는 그렇게 10년 만에 반강제 휴식을 했다. 내 인생이 멈추는 경험을 한 것이다. 그때 나는 본의 아니게 휴식 중이었지만 세상은 잘 굴러갔다. 그렇게 나만의 휴식을 갖기가 힘들었는데, 나 없는 세상은 아무 일 없었다. 그렇게 아픔과 함께 나에게도 모든 것을 놓고 휴식의 시간이 주어진 것이다. 결국 내가 빠지면 안 될 것 같던 일상도 몸이 아프니 쉬게 되었다. 그리고 몇 개월간의 휴식의 여파로 관리가 안 되어 손해를 많이 보고 매장 하나를 정리했다. 당시에 비록 손해는 컸지만, 끝까지 가져가려는 마음이 더 힘들다는 것을 배웠다. 그렇게 내려놓음으로써 정신적 구속에서 해방될 수 있었다.

우리는 뭔가에 열중하지 않고, 집착하지 않는, 있는 그대로의 '나'만으로도 충분히 사랑받고 사랑을 나눌 의미 있는 존재임을 인식해야 한다. 그렇게 일상에서 손을 놓고 쉰다는 게 무엇이 그렇게 어려웠던 걸까? 몸이 지속해서 손을 놓고 좀 쉬어가자고 얘기를 하는데도 나는 무시했다. 이성적 사고만이 나의 일상을 지배했다. 큰 병으로 수술과 항암치료로 몇 개월이나 자리를 비우고 쉬면서 느꼈다. 몸이 호소할 때 더 크게 아프기 전에 쉬어갈 줄도 알아야 한다. 그러면 더 좋은 영향력으로 나의 자리가 준비되어 있다. 어쨌든, 나를 둘러싼 세상은 언제나 잘 돌아간다는 것을. 힘들 땐 좀 쉬어도 충분하다는 것을. 그리고 나는 있는 그대로의 나를 사랑하게 되는 마음의 여유도 갖게 되었다. 그렇게 지금의 삶의 즐기는 것에 초점을 맞추는 것이다.

　너무 아등바등 살 필요가 없다. 삶의 여유를 가져보자. 그리고 매사에 감사하는 마음을 갖자. 부족한 나를 채워 행복해지는 것보다 비우고 비워 인생의 자유를 얻는 것이다. 때로는 가지려하기보다 가지고 있는 것에 만족하며, 있는 그대로의 나를 보자. 내가 만든 허상 때문에 힘들어하지 말자. 그것은 계속해서 더 많은 것을 채우려는 마음이 생기고 힘듦이 생기는 것이다. 인생의 행복은 멀리 있는 것이 아니리라. 이제 멈추고 바라볼 줄 알아야 한다. 내면의 내가 무엇을 원하는지. 그때 비로소 내 안의 파랑새를 발견하게 되리라. 내 인생, 한 발짝 멈추니 비로소 보인다.

　나는 이제 나의 내면과 더 많은 대화를 한다. 그렇게 내 안의 거인을 깨워 함께 한다.

3
.
.
.

내 멋대로
살아도 괜찮아

내 인생의 명언 "우물쭈물하다가 내 이럴 줄 알았다."라는 유명한 아일랜드 출신 극작가인 조지 버나드 쇼의 묘비명이다. 94세로 장수한 버나드 쇼의 인생을 잘 표현한 묘비명이 기가 막히게 내 얘기를 하는 듯하다. 그렇다! 인생의 시간은 쏜살같이 빠르게 지나간다. 이렇게 저렇게 재다가 다 흘려보내는 듯하다.

그렇게 우리는 인생을 어떻게 살아야 하는지도 모른 채 시간을 흘려보낸다. 인생이 뭔지 알아가다가 세월을 다 써버린다. 우리네 인생을 천국처럼 살아낼 수 있는 인생 매뉴얼이 있으면 좋겠다. 열심히만 말고, 천국처럼 살아갈 수 있는 매뉴얼을 찾아내는 것이다. 우리의 인생은 왜 사는

지 모르고, 막 열심히 하루하루 살아가라고 주어진 것이 아니라는 것이다. 그 방법을 주입식 교육처럼 초등학교 때부터 의무적으로 가르쳐주면 좋겠다. 시간을 낭비하는 쓸데없는 과목은 좀 빼버리고 어릴 때 유익한 교육을 받길 바란다. 나는 더 많은 인생의 시간을 낭비하기 전에 하느님이 주신 인생의 의미를 찾아가는 시작을 할 수 있어서 너무나 기쁘고 감사하다.

최근 몇 년 사이에 예전처럼 사는 방식으로는 살기가 너무 힘듦을 느낀다. 지금은 열심히만 살아서 안 된다. 현재에 안주해서도 안 된다. 요즘의 청년들은 예전처럼 사회운동도 안 한다. 예전의 어른들처럼 힘든 일도 많이 하지 않는다. 그렇게 더 많은 다양한 공부와 스펙 쌓기에 열중한다. 하지만 취업은 "바늘구멍에 실 꿰기"만큼 어려워지고 있다. 아이러니하다. 젊은 층 인구는 줄어드는데, 왜 청년 일자리는 더 없는 것인가. 우리의 어른들, 노년층은 또 얼마나 열심히 살아왔나. 부모님 세대는 힘든 전쟁 시절 다 겪어내셨다. 아끼고 절약하며 지금의 대한민국을 만들어내셨다.

그렇게 지금의 경제성장을 위하여, 자식 교육을 위하여 헌신하셨다. 먹을 것 아끼며 자녀들을 위해 희생하셨다. 젊은 시절 그렇게 고생하시고 사회 발전의 최전선에 있었지만 지금 노년층의 앞날은 불안하다.

남의 일이 아니다. 우리의 중장년층의 다가올 현실이다. 길을 다니다 보면 생계를 위하여 폐지 줍는 분들이 늘어났다. 불과 10년 전만 해도 상상할 수 없었다. 노인층이 폐지를 줍기 위해 위험한 상황에 노출된 채 손수레를 끌고 다니시며 고단한 삶을 살고 있다. 이런 현실이 다가올 줄 미처 몰랐다. 이젠 의료가 좋아지고 건강하게 오래 살다 보니 노인 문제도 크게 대두된다. 내가 살아가는 세상이 많은 발전과 함께 다 함께 살기 좋은 나라가 되기를 꿈꿨다. 그러나 예상치 못한 문제가 걱정을 앞세운다. 그렇게 최근 몇 년간 젊은 층의 일자리며, 노년층 생계문제며 더 복잡해진다. 왜 비약적인 경제발전과 인공지능, IT 시대에 이런 기초적인 문제가 생기는 걸까. 아니 해결이 안 되는 걸까.

나는 30년 가까이 미용을 하며 20년 넘는 시간 동안 프랜차이즈 매장을 지켜왔다. 하루가 멀게 새로운 매장이 생겨나는 시점에 소박한 관점에서 나름의 운영을 잘 해왔다. 나의 30대에는 일을 하며 어떻게 성취감을 맛볼 수 있을지, 고민을 많이 했다. 그리고 즐겁게 일에 올인했다. 더 많은 정보를 얻기 위해 서울 본사를 들락거렸다. 그리고 본사에서 하는 매뉴얼을 성공 매뉴얼로 인식하고 벤치마킹했다. 그렇게 그대로 접목하려 노력했다. 그 결과, 많은 성과를 보았다.

지금 생각하면 15년, 20년 전의 내가 뿌듯하다. 목표를 가지고 이루고자 행동했다. 혼자 하는 1인 숍이 아닌 함께하는 매장에서 솔선수범했다. 동료, 후배들의 본보기가 되기 위해 노력했다. 그리고 함께 성장하기 위해 마음을 열고 성공할 수 있는 모든 것을 받아들였다. 우리 매장은 다함께 적극적인 참여로 조금씩 성장하며 즐겁게 일했다.

함께 일하던 동료들이 거의 또래들이 많았을 때였다. 20대, 30대의 젊음이 넘치는 공간이었다. 그때 우리는 젊음을 상징하는 멋스러운 옷과 액세서리를 하며 유행을 선도했다. 나름대로 열심히 일하며 젊음을 즐겼다. 고객들에게도 볼거리를 많이 제공했던 것 같다. 그렇게 즐기는 일을 하며 30대의 젊은 혈기를 일에 푹 빠져 살았던 것 같다. 열정적인 시간을 보냈다. 일에 빠져 지내며 일에서 이뤄내는 성취감을 느꼈다. 어떤 식으로 고객의 편의를 제공할지, 더 나은 서비스를 제공할지 고민했었다. 스스로 계획하고 실천했다. 일로써 내가 원하는 대로 하는 것의 재미를 느낀 것이다. 정말 빠져들고 싶은 일의 비전을 발견하고 도전한 것이다. 다른 무엇보다 주도적으로 해나가는 일의 즐거움을 느꼈던 것 같다. 그렇게 내가 하고 싶은 대로 일하며 얻는 즐거움이 있었다. 그것도 내 멋대로 살면서 이뤄내는 제법 괜찮은 한 가지였다.

그렇게 결과를 만들어내는 일에 미쳐볼 만했다. 김난도 교수의 『아프니까 청춘이다』처럼 청춘은 누구나 지나가는 시절이다. 그리고 아프고 힘들다. 사랑의 고민과 일에 대한 고민 등으로 청춘은 아플 만큼의 가치가 충분하다. 그렇게 미래의 토대가 만들어지는 것이니까. 청춘은 아파만 할 것이 아니라 도전해볼 가치가 충분하다. 우리는 아픈 것에 매달리지 말고 툭툭 털고 일어나 성취의 맛을 보아야 한다. 그리고 인생의 진리를 느껴야 한다. 내가 이 세상에 온 목적을 느낄 수 있을 것이다. 누군가 인생의 멘토로서 내가 더 젊고 어릴 때 알려줬으면 좋았을 것을, 인생의 반을 살고 느꼈다. 이제 알게 된 것에 아쉬움이 많이 남는다. 나는 말해주고 싶다. 내가 듣고 싶었던 어른들이 나에게 해주는 조언을.

분명 우리가 이 세상에 온 목적이 있다는 것을, 알고 살아야 한다고. 그것은 함께 사랑하고 이루는 것이다. 함께 꿈을 창조해내는 것이다. 그렇게 열정을 다해 행복을 누리는 것이다.

어느 날부터인가 봄만 되면 우리나라는 미세먼지로 뿌옇게 뒤덮인다. 중국이 본격적인 경제성장을 이룬 시점인 것 같다. 도대체 중국은 환경오염 따위는 아랑곳없는 듯하다. 그렇게 중국 경제가 성장할수록 엄청난 매연이 우리의 하늘까지 미세먼지로 뒤덮는다. 지금 우리나라는 열심히 일해서 많은 발전을 한 시대에서 빠른 성장세는 멈추고 치열한 경쟁의 시대로 넘어온 것 같다. 그동안 열심히 일했다. 그렇게 열심히 했는데 뭐가 달라졌을까, 열심히 해서 뭘 이루었을까. 아니 달라지고 이루어진 것이 없어도 괜찮다. 단지 편안하냐, 행복하냐의 문제이다. 지금처럼 열심히만 해서는 안 된다. 남과 다른 특별한 것을 추구해야 한다.

요즘 각계각층이 다 불안을 호소한다. 사회적으로 안정화되지 않고 불안한 위기감만 있다. 거기다 지금은 코로나까지 덮쳐 더 극한 상황에 와 있다. 이것은 열심히 하는 문제와는 다르다. 여태 가지고 있던 열심히 해서 이뤄낸 것과 다른 차원의 문제다. '열심히'와 상관없이 코로나로 휘청하는 게 충격적이다. 그렇게 모두가 한 대 맞은 것 같다. 어떤 식으로 살아가야 하는지 깊은 고민을 하게 된다.

사람들은 말한다. "코로나로 죽기 전에, 굶어 죽을 것 같다."라고. 돈벌이가 생계유지도 안 된다는 것이다. 거기다 한두 달의 문제가 아닌 것이 더 심각하게 다가온다. "울고 싶은데 뺨 때린다"는 격언처럼 점점 경제가 안 좋아 힘들어하는데 코로나로 직격탄까지 온 것이다. 나라와 지자체는 다들 생계비 지원 운운하며 심각한 상황을 얘기한다. 빨리 세상의 평화를 만나고 싶다.

이런 대척할 수 없는 경험이 우리들을 생각에 잠기게 한다. 기존 삶의 방식이 아니라 다르게 삶을 살아갈 방법을 생각해볼 필요가 있다. 진정 내가 하고 싶은 것에 마음으로 도전해볼 필요가 있다. 지금 하고 있는 일의 여유 시간에 다 잊고 하고 싶은 것에 집중해보면 좋을 것 같다. 퇴근 후 2시간 또는 출근 전 2시간의 시간을 마련해보자. 앞으로는 아마 내가 정말 하고 싶은 것에 정답이 있을 것이다. 실컷 놀고 싶으면 놀면서 이루는 것이다. 그것의 정답은 내가 상상하고 그 상상이 이루어진 결말에서 시작하여 믿음으로 걸어 나가는 것이다. 확신에 찬 온전한 나로 이루어 낼 수 있다.

그렇게 상상의 법칙, 믿음의 법칙을 제대로 알고 행동해본다면 내 멋대로 살며 멋지게 이뤄낼 수 있다고 본다.

사회의 관습과 분위기에 휩쓸리지 않고 이제 내 멋대로 꿈을 펼치자. 내 인생, 내 멋대로 살아도 괜찮아.

70대 현역의 대(大)배우, 윤여정

배우 윤여정은 예전의 한 인터뷰에서 말했다.

"나는 살기 위해서, 살아가기 위해서 목숨 걸고 한 것이었어요. 요즘도 그런 생각엔 변함이 없어. 배우는 목숨 걸고 안 하면 안 돼. 훌륭한 남편 두고 천천히 놀면서 '그래, 이 역할은 내가 해주지.' 그러면 안 된다고. 배우가 편하면 보는 사람은 기분 나쁜 연기가 된다고. 한 신 한 신 떨림이 없는 연기는 죽어 있는 것이라고."

그녀는 젊은 시절 결혼한 후 미국에서 13년을 살다 한국에 와서 이혼하게 되었다. 결혼 생활 중 무능력한 남편으로 인해 자신이 벌었던 전 재산을 탕진하고 이혼 후 두 아들과 자신을 지키기 위해 온갖 작품에 뛰어들며 치열한 삶을 산다. 그녀는 말한다.

"아쉽지 않고 아프지 않은 인생이 어디 있어. 왜 나만 아프다고 생각해. 왜 나만 아프다고 생각해. 다 아프고 아쉬워."

그녀는 처음 살아보는 인생이라 아쉬울 수밖에 없다며 언젠가부터 매일 즐기고 살리라 결심했다고 한다. "어떤 경험이라도 잃는 게 있으면 또 하나 얻는 게 있다. 난 웃고 살기로 해서 농담하는 것 유머러스한 것을 좋아한다."라고 한다.

에너지를 잃지 않고 오래도록 꾸준한 연기로 대중에게 편안함을 주는 배우, 윤여정은 열정적 삶과 연기로 많은 이의 찬사를 받는 대배우이다.

4
.
.
.

내가 원하는 인생의
기회를 찾아라

그동안 나도 인생을 살면서 다양한 경험을 하며 살아왔다. 그중에서 가장 크게 느끼는 것이 있다. 바로 내 인생을 내가 원하는 대로 살았냐는 것이다. 그리고 내가 생각한 대로 살았냐는 것이다. 그렇지 않다면 사는 대로 살지 않았을까. 시인 폴 발레리는 '생각대로 살지 않으면 사는 대로 생각하게 된다.'라고 했다. 그의 말에 저절로 수긍하게 된다.

30대 초반 나는 가족의 기대에 밀려, 매장의 오너로 책임감을 가지게 되었다. 집의 가장으로 우리 가족을 위해 내가 아니면 안 된다는 책임감이었던 것이다. 아버지는 내가 스무 살 초반에 회사를 다니시다 정년퇴직하셨다. 어머니는 전업주부로서 아들을 낳아야 한다는 고모들의 등쌀에 힘겹게 7남매를 낳으셨다. 그리고 없는 형편에 살림하며 많은 자식을 키우느라 힘겨우셨다. 그렇게 내가 30대일 때 60대 중반을 넘으셨던 부모님과 가족을 부양해야 했다. 평소에 가족과 많은 대화를 하지 않았다. 집안 사정이 그렇게 돌아가는지도 모르는 철없는 딸이었다. 내 눈에 보이는 우리 집은 그냥 각자 일하고 쉬고, 각자의 삶을 살아간다 생각했다.

20대의 나는 사회인으로서 자리 잡기 위해 열심히 기술을 배웠다. 인생에 대해서도 너무 몰랐다. 평소 가족들과 고민이나 일상적인 대화도 거의 없었다. 그냥 다들 묵묵히 일하기에 급급했다. 그렇게 우리 집은 나와 상관없이 돌아가는 집인 줄 알았다. 지금 생각해도 참 어려 너무 몰랐다. 집에 문제가 있거나 고민이 있으면 둘러앉아 대화해야 하는데, 그런게 없어 우리 집의 문제를 알지 못했다. 그러다 보니 갑자기 상황을 알게되고, 큰 책임을 안게 되었다. 가족끼리 더 많은 대화를 나누고 했으면 좋았을 텐데 그렇지 못했다. 그렇게 가족들도 누군가가 더 희생하고 책임을 지고 해나가는 사람이 필요했던 것이다.

집안 상황을 모르던 나는 20대 때 열심히 기술을 배워 30대 초반에는 연애해서 결혼을 해야지 하는 계획을 세웠다. 계획대로 30대 초, 소소한 사랑을 키우며 동갑내기를 만나 결혼을 꿈꿨다. 나는 평소 친구 같은 사람을 인생의 동반자로 생각한 터였다. 그렇게 둘은 티격태격하며 나름 잘 맞춰나갔다. 그런데 막상 상견례 이후 집에서 완강히 반대하는 상황이었다. 그때도 약간의 사정이 있었겠지만, 나는 뜻대로 되지 않아 많이 화나고 속상했었다. 한참을 방에 틀어박혀 나오지도 않았던 것 같다. 가족들의 반대도 심했고 나는 가족들을 설득시키지 못했다. 남들은 더 과감하게 자기 생각을 관철하기도 하지만 나는 그러지 못했다. 시간이 지나면서 잊힐 것이라 생각하고 속상하고 힘든 마음은 가슴에 묻었었다. 계속 그 속상한 마음을 계속 가져간다면, 내가 더 힘들어질 것 같아 미움의 마음을 다 놓았던 것 같다. 그리고 그것에 대한 미련은 던져버렸다.

이후 또 다른 마음의 시련이 있었지만, 그 또한 기도나 마음 다스리기로 극복했었다. 그렇게 나는 나와 결혼은 인연이 없다는 생각을 가졌다. 그리고 한동안 아예 연애와 결혼에 관심을 갖지 않고 일하기에 몰두했다. 그렇게 인생계획은 완전 다른 방향으로 간 것 같다. 내가 간절히 원한 일은 가족들에 의해서 뜻대로 되지 않았고 가까운 사람에 나는 큰 상처를 받았다. 그렇게 아픈 과거는 상처와 함께 깨끗하게 잊기로 결정한 것이다.

누구든 남의 인생에 조언을 할 수는 있다. 하지만 절대 직접 관여해서는 안 된다는 생각이다. 지금 생각해도 그런 식의 반대는 아니었던 것 같다. '극구 반대지만 선택은 네가 해라. 너를 믿겠다.' 그 정도가 좋았을 것 같다. 내 인생 책임지는 사람은 아무도 없는데 말이다. 원래 잘되면 내 탓, 안되면 남 탓하는 게 사람 아닌가. 지금은 그때로 돌아간다면 내가 원하는 대로 했을 것이다. 인생은 이래도 후회, 저래도 미련이 남지 않는가. 우리 가족은 그런 생각을 하는지 모르겠다. '그때 내가 왜 그리 뜯어 말렸을까?' 하는 후회 말이다. 다들 특별한 사람과 사는 것도 아니고 고만고만하게 살아가는데 말이다.

  자신의 거울을 볼 줄 알아야 한다. 남의 인생에 좋은 에너지로 더 좋은 기회를 제공하는 위치에 있더라도 최종 결정은 본인이 할 수 있는 기회를 제공해야 할 것이다. 원래 결혼한 사람 중에도 절대 결혼하지 말라는 사람이 있고 결혼 한 번쯤 해볼 만하다는 사람이 있지 않나. 그렇다. 사람마다 여러 일을 겪으면서 자신의 의견이나 생각이 다 다름을 인정해야 한다. 무조건 자신이 옳다고 주장해서는 안 된다. 나는 당시의 상처를 내려놓았었다. 다 덮었다. 가족을 안 볼 것도 아니고 지난 것을 되돌릴 수 없으므로. 그리고 그런 일을 겪은 나의 마음은 일로 채웠었다. 열심히 일하며 일로 성취감을 가질 운명으로 무의식중에 받아들였던 것 같다. 그렇게 다 이룰 수는 없었지만 일로서 성취감을 맛보았던 것 같다. 비록 떠밀려 책임감으로 시작하게 되었지만, 일하는 동안은 빠져서 열심히 했으니까 그만큼의 성과는 얻었던 것이다. 그렇게 시련은 또 다른 기회인 것을 알게 된 것이다.

때로는 내 마음대로 내 인생을 살고자 하는 생각이 앞설 때가 있다. 그런데도 현실에 큰 변화가 없을 때는 안주하게 된다. 마음만으로 그치고 미루게 된다. 그렇게 머리를 맴도는 '미 실행 소망'인 것이다. 나도 최근 몇 년 전부터 그런 경험을 한다. 이대로는 아니다. 내가 원하는 것은 아닌 것 같다. 뭔가 새로운 도전을 준비해야 할 것 같음을 느낀다.

내 인생의 기회가 내가 만들고자 할 때 생기기도 하고 내 생각과 다르게 주변인들로 인해 생기기도 한다. 그렇게 현실에 안주해 살다가도 다른 일로 인해 변화가 찾아오는 것 같다. 우연을 가장한 필연 말이다. 나도 그렇게 매장에 변화가 찾아왔다. 오랫동안 함께한 동료가 독립하거나 결혼 · 출산 등으로 함께 할 수 없게 되면서, 여러 가지 개인적 사정으로 그들의 빈자리가 생긴 것이다. 그리고 쉽게 그 빈자리는 메워지지 않으며 나는 그 변화를 기회로 삼는 것이다.

항상 그대로일 수 없는 현실은 변화를 마주하게 한다. 그렇게 그것이 주는 메시지를 나의 변화로 해결하고자 책을 많이 읽게 된다. 그리고 다양한 자기계발서가 내 마음을 안정시켜주고 위로해준다. 나의 변화를 준비할 수 있게 해준다.

루이스 L. 헤이 저서 『있는 그대로의 나를 사랑하라』를 읽으면서 더 많은 자신감과 위로를 받는다. 그녀는 성공과 변화 그리고 자신의 멋진 인생을 살고 싶어 하는 이들, 그동안 최선을 다했지만 잠시 주춤하며 자신과 타인에게 원망의 화살을 던졌고 던지려던 이들에게 더 큰 메시지를 준다. 나를 더욱더 사랑하고 내가 원하는 인생을 사는 데 더 많이 힘이 되어주는 책으로 다가왔다. 그렇게 있는 그대로의 나를 받아들이며 내면을 채우고자 한다. 그렇게 온전한 나이고자 한다. 그리고 내 인생의 책한 권을 만난다.

네빌 고다드 저서『네빌 고다드 5일간의 강의』이다. 네빌 고다드는 나에 대한 관념이 나의 모든 것을 결정한다고 말한다. 네빌은 형이상학자로 우리가 원하는 것을 물질적으로 현현하는 방법과 진정한 자아를 찾는 것, 나 자신의 자유와 행복을 찾는 법 등을 알려준다. 네빌은 "내가 의식을 바꾸므로 원하는 삶을 살 수 있다"고 들려준다. 그리고 "내가 상상하는 것이 현실로 되며 잠재의식에 각인된 대로 이루어진다"고 말한다.

나는 그동안 살아오면서 내가 경험하고 성취한 것이 법칙에 그대로 적용됨을 느낀다. 그렇게 네빌의 다양한 책『상상의 힘』,『네빌 고다드의 부활』,『임모틀맨』을 접하며 많은 영감과 감동을 받으며 그의 말이 진리임을 느낀다. 그동안 내가 겪은 다양한 경험과 삶의 지혜가 어디서 왔고 어디로 가야 함을 알았다. 나는 눈에 보이는 것에 치중하여 살아왔다. 그런데도 채워지지 않는 무언가를 갈구했다.

내가 하는 일은 보이는 것의 실체이며 내 내면을 채워주지 못함을 알게 된다. 이제 진정한 나의 내면에 귀 기울이는 것부터 시작해나가고 있다. 이것이 지금 내 영혼의 울림이 말해주는 내 인생의 기회인 것이다. 내 안의 거인을 깨워 상상의 힘으로 이뤄낸 결말에서부터 살아내는 진리를 향할 것이다. 누구의 눈치를 보는 삶이 아니라 내 내면이 말하는 나의 삶을 살 것이다.

진정 내가 이 세상에 온 삶의 목적에 맞는 인생을 사는 것이다. 그것은 내가 원하는 것, 갖고 싶은 것, 되고 싶은 것을 이루어내는 삶이다. 내가 원하는 또 다른 인생의 기회는 이렇게 나에게 다가온다. 열린 사고로 내가 원하는 인생의 기회를 찾자.

5
.
.
.

가짜가 아닌
진짜 나 자신을 대면하라

춥지도 덥지도 않은 간절기, 가벼운 발걸음으로 산책하기 딱 좋은 계절이다. 내가 제일 좋아하는 계절이다. 나는 겨울에 태어난 12월생이다. 그런데도 나는 겨울을 별로 좋아하지 않는다. 예전 지인과 얘기하다 알았는데 멋쟁이들은 겨울을 좋아한다고 한다. 나는 겨울이 춥기도 하지만 옷을 너무 많이 껴입어야 해서 싫다. 그런데 지인은 말한다.

"멋쟁이들은 겨울을 좋아해."
"다양한 옷을 많이 입을 수 있으니까."

처음 듣는 얘기라 놀랐지만 일리는 있는 것 같았다. 그렇게 겨울에 옷을 많이 입는 것을 좋아하는 멋쟁이가 있다는 것을 처음 들었다. 나는 추위를 많이 타는데도 불구하고 옷을 많이 껴입는 것을 별로 안 좋아한다. 그러니 옷을 작게 입으면 추워서 벌벌 떨게 되고 추위를 덜 타려면 옷을 많이 입어야 하니 겨울이 싫었다. '나는 멋쟁이는 아니구나.'라고 생각을 한다. 나는 가벼운 옷차림이 좋다. 날씬하기만 하면 훌훌 벗어던지고 싶다. 이제 겨울도 예전 같지 않고 많이 포근하다.

나는 법 없이도 사실 착하고 부지런한 부모님의 1남 6녀 중 다섯째로 자랐다. 중간에 낀 딸인 나는 많은 형제 틈에서 부모님 신경 쓰이지 않게 조용히 살아온 듯하다. 그런 나도 초등학교 저학년 때는 지금보다 오히려 많이 활발했다. 가만히 책보거나 공부한 적이 별로 없다.

항상 밖에서 뛰어놀았던 것 같다. 그때는 몸도 가벼워서 뜀뛰기 등, 폴짝폴짝 뛰어다니며 완전 활동적으로 보낸 기억이 있다. 그렇게 공부는 뒷전이고 시간만 나면 밖에서 애들을 모아서 뛰고 놀았다. 그리고 하도 뛰어놀다 보면 엄마한테 붙잡혀서 엄마가 하는 부업을 거들었던 기억이 있다. 얌전하게 생긴 다섯째 딸이 공부도 안 하고 동네 애들 다 불러 모아 뛰어노는 것에 빠졌으니 엄마는 정말 한심했을 테다. 그리고 잊고 지냈는데 내가 많이 얌전해진 계기가 있다.

한참 뛰어놀던 3학년쯤이다. 그때 까불고 놀면서 앞니를 다쳤던 것이다. 그렇게 앞니와 얼굴을 다치면서 어린 내가 받은 충격은 컸었다. 그리고는 그 전의 말괄량이 같은 천방지축에서 많이 차분하게 변했다. 그렇게 잊고 있던 나의 진짜 모습의 실마리가 풀리는 부분이다. 나는 어릴 때 노는 것 좋아하고 사람 좋아하고 활발한 내면의 아이였다. 그것이 본래의 나의 모습 이었다.

또 나는 사춘기 때와 20대 때 여러 가지 경험을 하지 못했다. 많이 순진하고 소극적이어서 항상 조용하게 지내거나 있는 듯, 없는 듯 지냈다. 항상 몸은 지쳐 있었고 20대 초반에도 여리고 체력적으로 힘들었는데 힘든 내색을 못했던 것이다. 그렇게 나를 표현하지 않다 보니 성격은 더욱 소심해지고 거의 내 속내를 표현하지 않는 사람으로 바뀌었다. 친구도 별로 없고 오로지 눈앞의 좁은 시야로 멀리 내다볼 줄도 모르는 세상 순진한 소녀였던 것이다. 요즘은 10대들이 모르는 게 없는데, 내 나이 20대는 왜 그리 어리숙했나 싶다. 별로 세상과 교류를 안 하다 보니 더 많이 순수하고 순진했던 것이다. 가정 형편상 상고를 졸업하고 금융회사에 취업한 나는 상사와 맞지 않아 일찍 퇴사했던 경험이 있다. 그리고 내가 주도적으로 할 수 있는 일로 오랫동안 할 수 있을까 생각하다 엄마와 언니가 권하는 미용을 하기로 결정했다.

20대 때 뒤늦게 졸업장의 필요성을 느끼고 전문대에 입학했다. 그러나 전공을 잘못 택해서 공부도, 대학 생활도 너무 재미없었다. 생각한 대로 되는 건지 딱 그만큼, 전문대졸 졸업장을 얻은 것뿐이었다. 지금 생각하니 20대 때의 내가 좀 부끄럽다. 그렇게 들어간 학교생활은 그렇게 끝나고 열심히 평생 직업을 위해 미용사로 열심히 일하며 꿈을 좇아 책임을 다해 일했다.

그렇게 20대를 보내고 30대의 나는 50평대 규모의 꽤 직원이 많은 매장을 운영했다. 그리고 오랫동안 서비스업의 오너로 일을 했다. 항상 친절하고 밝은 표정을 스스로에게 주문한다. 그리고 그것은 습관이 되었다 여행을 가거나 해서 사진을 찍으면 내 표정은 항상 치아가 드러난 환한 표정이다. 내가 찍은 사진은 대체로 환하고 밝은 표정이다. 그렇게 열심히 일로 단련된 환한 표정은 사진을 찍었을 때 표정으로 나에게 밝음을 보여준다. 내가 웃고 즐기는 밝은 표정은 그렇게 여행에서 진짜 내 모습으로 나타난다. 그렇게 삼십 대 때 나는 한참 열심히 일했다. 첫 매장 오픈은 가족 부양의 책임감에 떠밀리듯 시작했다. 그러나 막상 제대로 열심히 해봐야겠다고 마음먹고는 다른 생각은 안 했던 것 같다.

삼십 대 초반에 이혼까지 겪으면서 '아~ 나는 도대체 결혼과는 인연이 없나 보다.'라고 스스로 판단하고 일에 미치게 되었던 것 같다. 20대 때부터 어디 다니지 않고 계속 '일, 집', '집, 일'만 하다 보니, 나는 내가 일이 체질인 줄 알았다. 사람은 한 가지에 몰입하면 할수록 거기에 빠져드는 게 있다. 나도 외부 활동을 안 하고 친구도 안 만나고 일만 하다 보니 내가 진정으로 일만 좋아하는 줄 알았다. 그렇게 정신적 충전이나 휴식도 없이 일상의 무미건조한 시간을 많이 보냈다. 그렇게 즐길 줄도 모르고 순진했던 나는 20대의 특별한 추억이 없다.

그렇게 20대 때 나도 "우물 안 개구리"처럼 누구와도 내면의 교류와 치유를 못 한 채 시간이 흐르면서 스스로 자연 치유되었다. 스스로 일상에서 시련을 극복하며 성장한 것이다. 내가 힘들고 아프면 누구에게든 힘들고 아픔을 얘기하고 나눴더라면 더 빠르게 치유하고 성장할 수 있었을 것이다. 숨기는 내가 아닌 상처를 드러내어 치유할 줄 아는 용기가 필요한 것이다.

내적으로 성장할 수 있는 중요한 시기를 그렇게 소심하고 소극적으로 보내며 놓친 것이다. 사춘기와 예민할 20대에 너무나 고립적으로 혼자 보내지 않았나 싶다. 그런 시기가 나를 현명하게 똑똑하게 살아갈 수 있는 시기를 놓치게 한 것 같기도 하다. 그 시기에 세상을 좀 더 넓은 관점과 시야를 가지고, 인생의 멘토가 될 사람을 많이 만들 수 있는 기회를 가져야 했다.

그렇게 어리숙하고 순진했던 내가 착한 사람, 현명하지 못한 사람으로 많은 시간을 보낸 듯하다. 얼마나 환경이 중요한지 조금만 더 보살핌을 받고 관심을 기울여주는 사람이 있었다면 좋았을 것 같은 아쉬움이 있다.

아마 그랬다면 훨씬 더 나 자신을 더 잘 표현하고 더 현명한 어른이 되었을 것이다. 나의 내면을 더 이상 숨기지 말자. 그리고 진짜 나의 모습을 드러내자. 20대 때 나는 사람들과 소통하기보다 혼자 있기를 즐겼던 것 같다. 그런 나는 "도도하게 보인다.", "이기적으로 보인다."라는 얘기를 언니와 동료들한테 들었다. 표현하지 않는다면 아무도 알아주지 않는다. 혹시 남모르게 힘들거나 아픈 상처가 있다면 다양한 사람들과 드러내고 소통하며 대화하며 함께 하다 보면 치유되는 기쁨도 있다는 것을 알았으면 한다. 허심탄회하게 못 할 얘기는 없다.

내가 마음의 문을 열어 누구든 함께 대화하고 고민을 나누며 진짜 나를 찾아갔으면 한다. 마음을 표현할 줄 아는 용기를 내어야 한다. 눈으로 보이는 나의 가짜 모습에 가려져 감정을 감추고 내면을 표현하지 않고 소통하지 않아 인생을 낭비하지 않기를 바란다.

내 인생의 주인공이 되어 당당하게 표현하는 진짜 나로 사는 것이다.

얼마나 나를 잘 표현하느냐에 따라 나의 시련은 성공과 행복으로 향하는 밑거름이 된다. 가짜 모습의 내가 아닌 진짜 내 모습을 대면하고 드러내자. 나의 내면에 귀 기울이자.

그것은 나 스스로 내면에 귀 기울이고 내가 가고자 하는 큰 꿈을 찾는 것이다. 거짓된 내가 아닌, 나를 당당하게 들어낼 수 있는 진짜 나 자신으로 사는 것이다. 누구의 눈치도 보지 않는 진정한 나를 대면하자.

6
.
.
.

열심에서
열정으로 갈아타라

새벽 6시의 하늘은 잠에서 덜 깬 듯 뿌옇다. 맑은 공기 속의 동쪽 하늘엔 태양의 붉은 빛이 물들기 시작한다. 창밖의 세상 풍경은 고요하다. 코로나로 인한 어제의 혼돈과 불안을 다 잠재우고 바이러스 없는 평화와 고요함의 새 아침이 되기를 기대한다.

경기가 너무 안 좋다고 우리는 말한다.

"무슨 경기가 이렇게 안 좋지?"
"하여튼 이번 정권은 나라 말아먹을 것 같아."
"갈수록 먹고 살기 힘드네."

일요일에는 맛있는 음식으로 행복을 누리고 싶은 친구의 의견을 모아 또 다른 친구와 셋이서 온천장의 유명뷔페에서 저녁 식사를 했다. 오래간만에 만난 친구들과 요즘 따라 더 움츠러드는 경제 걱정으로 푸념을 하며 만남의 반가운 인사를 대신한다.

소화가 잘 안 될 것을 생각해 소화제까지 준비해가며 열심히 먹기에 힘을 보탠다. 그동안 못 먹은 맛있는 음식들을 접시에 나른다. 친구들은 오래간만에 먹는 즐거움을 만끽하며 세상 걱정으로 대화를 한다.

경기는 안 좋고 힘들다지만 나날이 발전하는 세상은 넘치는 물건들로 풍요가 넘친다. 어느 날은 이웃집 선생님이 이사 가는 날이다. 오랫동안 벼르고 벼르던 새 아파트로 입주하시는 것이다. 선생님은 여러 상황으로 몇 번이나 이사할 기회가 있었지만 참고 미뤄왔던 참이었다. 오래된 아파트의 불편함을 감수하고 교통이 편안한 장점만을 생각하며 이사를 미뤄오다 드디어 트렌드 한 새 아파트로 입주를 결정하신 것이다. 그렇게 새 아파트로 입주하는 날 버려지는 앤티크 가구를 받기로 했다.

나는 유행을 타지 않을 것 같은 앤티크 가구를 받아 필요로 하는 언니에게 주기로 했다. 앤티크 가구는 오래되어도 그 멋스러움이 있으니 재활용하기로 했다.

그렇게 아직 사용함에 불편함 없이 고풍스런 분위기를 내는 물건들은 나눠 쓰는데 의미가 있다. 이제 세상은 너무나 풍요로워 예쁘고 멋진 물건들은 넘쳐난다. 그렇게 우리 집도 물건들이 쌓여 간다. 직장생활을 하니 여유 시간이 없어 다 활용도 못 하는 깨끗한 물건들이 써 주기만을 집 안에서 기다린다.

　그동안 열심히 일하고 풍요로운 세상에 뒤질세라 열심히 좋은 물건들을 사 모은다. 어릴 때 가난해서 갖지 못한 결핍에서 온 것인지, 우리네 집은 새로운 물건들로 넘쳐난다. 그렇게 또 쓰레기도 넘쳐난다. 멀쩡한데 버려지는 물건도 어마어마하니까. 이 모든 일은 세상 사람들이 열심히 이뤄낸 사회의 발전에 따라 만들어진 일들이다. 이제 우리는 열심히 해내는 것에서 열정으로 다시 이루어내는 세상을 만들어내야 함을 나는 느낀다. 자연환경을 생각하고 다 함께 사랑이 넘치는 세상을 만들어야 한다.

　나는 70년대 생으로 새마을운동 시작 세대이다. 그 시대는 다들 열심히 부지런히 살아가는 운동을 한 시대지 않은가. 그렇게 나도 철들면서부터 열심히 해왔다. 내 삶의 방향이 잘 가고 있고 내가 원하는 방향으로 잘 가는지 정확한 방향도 없다. 나침반도 없다. 다들 가는 길을 따라가듯 열심히 살아왔다.

나는 열심히 일한 사람이 부유하게 잘 살아가기를 원했다. 10년 전만 해도 "개천에서 용 난다."라는 속담이 통했다. 열심히 하면 그만큼의 성과가 나타났다. 그리고 그것은 보상으로 이어졌다. 그렇게 나도 20대, 30대에 제대로 된 휴가도 없이 열심히 일했다. 모든 인생의 기준은 일로 시작해서 일로 끝났다. 왜 그렇게 삶의 의미도 모르고 열심히 살아가야 하는지. 내가 살아가고자 하는 삶의 목적이 무엇인지 깨달아야 한다. 뭐가 잘못되어도 한참 잘못된 것이다. 어릴 때 언니들과 내가 얼마나 열심히 일에 매진했는지 참 한심한 생각이 드는 기억이 있다.

우리 집에서 함께 사시던 할머니께서 고령의 노환으로 갑작스럽게 주무시는 길에 돌아가셨다. 당시 할머니 연세가 96세였다. 워낙 오래 사시고 나름 건강하게 계시다가 가신 것이다. 정말 건강하게 장수하시다 가셨다. 할머니는 돌아가시기 한두 달 전부터 약간의 치매 증세로 엄마는 많이 힘드셨다. 그렇게 잠시 치매 증세를 보이시던 할머니는 새벽에 주무시면서 돌아가신 것이었다. 보통 말하는 호상이었다. 사람은 누구나 한 번은 돌아가야 하니까.

할머니가 돌아가시고 집에서는 삼일장을 했다. 문을 닫고 제대로 예의를 갖춰 정식으로 쉬었어야 했는데, 우리 자매들은 일한다고 그러지 않았던 것이다. 일을 정상적으로 했던 것 같다. 저녁에는 가족, 친지들과 슬픈 마음을 나누고 낮에는 매장에서 아무 일 없는 듯 또 열심히 일한 것이다. 고모는 "할머니가 돌아가셨는데 일을 하고 있냐."라며 꾸중했고, "그래도 쉬기가 그래서 매장을 계속하고 있어요."라고 얘기했다.

그 사실을 알게 된 친지와 지인들은 기가 찬다며 집에 할머니가 돌아가셨는데도 일한다며 한 소리 들었다. 그렇게 마음 편히 쉬지도 못할 만큼 일에 대해 열심히 했다. 그만큼 우리에게 절박하게 열심히 할 이유가 있었다. 부지런히 열심히 해서 그 많은 가족이 조금이라도 재정적으로 편안해져야 했기 때문이리라. 그렇게 매장을 쉬면 안 되는 것으로 알고 열심히 했다. 쉬는 날은 제품교육이니 기술교육, 마케팅교육, 트렌드교육 등 다양한 교육 받으러 다니기도 바빴다. 친구는 내가 그렇게 열심히 하는 것을 이해하지 못했다.

"왜 그렇게 바쁜데?"
"좀 쉬어가며 해."
'······.'

그렇게 친구도 이해하지 못하는 시간을 열심히 앞만 보고 달린 듯하다. 그렇게 나의 장점은 열심히 하는 것이었다. 이제 좀 여유를 가지고 싶다. 나를 돌아보고 잘못 걸어온 길은 수정해서 나가는 것이다.

열심히 한다고 원하는 부가 차곡차곡 쌓이는 게 아니다. 또 돈과 상관없는 큰 보람과 의미가 있는 것도 아니다. 돈 가치가 떨어져 예전보다 수익은 훨씬 못하다. 하는 일은 예전보다 결코 줄어들지 않고 더 많아졌다. 동종업체도 포화 상태이다. 사람을 구하는 일은 어려워졌고, 더 많은 것을 누리기 위한 지출은 너무 많이 늘어난다. 앞으로 우리의 삶은 어떤 방향으로 나아가는지 예측이 힘들다. 지금은 새로운 세상이 펼쳐지기 바로 직전의 혼돈의 시대임이 분명한 것 같다. 이제 열심히만 하는 세상은 끝난 것 같다. 지금은 열정적으로 일하고 즐기는 삶을 살아야 한다. 그리고 내 나이 이제 오십이다. 모든 것은 너무 아쉽다. 세상을 보는 현명함을 더 일찍 가졌어야 했다.

나는 소박한 꿈을 향해 뚜벅뚜벅 열심히 걸어왔다. "늦다고 생각할 때가 가장 빠르다."라는 격언이 있다. 이제 내 안의 거인을 깨워 함께 내 삶의 가치를 더할 수 있는 더 큰 꿈과 함께 가벼운 발걸음으로 열심에서 열정으로 무게를 옮겨 가고 있다. 내 마음의 열정이 따르는 길을 걸어가야겠다는 믿음이다. 여태 가족이 원하는 길에서 최선을 다했다면 앞으로는 내가 하고 싶은, 내 열정을 쏟을 수 있는 일에 흠뻑 빠지기로 한다. 내 인생은 소중하니까.

"구하라, 그리하면 너희에게 주실 것이요. 찾으라, 그리하면 찾아낼 것

이요. 문을 두드리라, 그리하면 너희에게 열릴 것이니." 성경의 한 구절
이다.

열심히 해서 이뤄낸 지금 나의 모습에서, 내가 꿈꾸는 가치 있는 삶의
또 다른 행복과 성공을 위하여 내 안의 열정을 깨워 나아간다.

새로운 꿈을 향한 식을 줄 모르는 열정으로 인생의 즐거움을 더한다.

7
.
.
.

현명한 사람은 다른 사람의
눈치를 보지 않는다

여러 해 동안 숱한 경험을 겪으신 나이 지긋하신 고객님은 말한다.

"내 생전 이런 경험은 처음이야. 무슨 이런 코로나인지 뭔지가 덮쳐.
다들 마스크 쓰고 무슨 일인지……. 쯧쯧."

지금은 모두가 예고 없이 찾아온 전례 없는 전염병으로 혀를 내두른
다. 갑자기 찾아온 코로나는 멈출 줄을 모르고 전 세계로 퍼져나가고 있
다. 현재 시점으로 전 세계 확진자가 백만 명이 넘었다고 한다. 거기다
사망자 오만 이천 명에 육박한다. 살아오면서 다양한 감기와 독감이 왔
다 가고 신종 인플루엔자 등 다양한 신종 감기 바이러스가 기승을 부렸

다. 이제는 발전된 의료가 감당할 수 없는 무서운 또 다른 바이러스가 앞으로 더 생겨날 것이라 한다. 어떤 세상이 올지 한 치 앞을 예상할 수 없다. 이렇게 세상이 어수선할수록 우리는 현명하게 대처해야 한다.

지금은 하는 일은 거의 가동률이 50%를 못 미치는 것 같다. 우리는 정부지침에 따라 자가 격리와 개인위생을 철저히 하고 있다. 그리고 최대한 사회적 거리 두기와 사람들이 몰리는 곳을 피하는 미연의 전염병 예방수칙을 지키고 있다. 이러다 보니 세계 곳곳에서 폐업과 인원 감축, 식료품 사재기, 화장지 사재기 등 듣도 보도 못한 폭동에 가까운 기현상도 넘쳐난다. 세상이 자유자재로 하나로 성장해나가기만 할 줄 알았다. 서로서로 부족한 부분을 채워가며 더 나은 세상만이 펼쳐질 줄 알았다. 선진국의 부족한 인구는 좀 못사는 나라의 저임금인력으로 대체되고, 후진국의 부족한 식량이나 첨단 물품은 선진국으로부터 함께 나누는, 세계가 서로 보완해가며 더 많은 발전과 성장을 이루며 세계의 발전은 우주로 향할 줄 알았다. 하지만 지금 전혀 예상하지 못한 위기에 세계는 경제적으로 정서적으로 불안하다. 이런 위기에 사람들의 움직임은 둔화되었고 일터는 많이 조용하다.

동생은 쉬는 날 따뜻한 봄 날씨에 이끌려 통영의 사량도에 등산을 갔다고 한다. 산세가 너무 험해서 많이 힘들었다고 함께한 가족은 입을 모았다. 산이 거의 칼바위산이었다고 한다. 가파르고 바위가 많은 등산마니아들도 쉽지 않은 산이었다고 했다며 갔다 와서 힘겹게 갔다 온 얘기를 한다. 언니와 조카는 함께 평일 새벽 6시부터 가까운 장산과 기장의 산 등, 여기저기 등산을 즐겁게 한다며 단체 톡에 올린다. 요즘 매장이 조용하다 보니 피곤함이 덜하여 높은 산을 등산하며 체력을 키우는 여유를 갖는 것 같다. 지금은 손님 없는 매장에 매달려 끙끙대며 힘들어하는 것보다 여유 시간을 즐겁고 건강하게 이용하는 것이 현명할 것이다. 나는 그동안 내가 하는 일에 대해서는 후회 없이 해본 것 같다. 삼십 년을 꾸준하게 배우며 현역에서 관리도 하고 직접 시술도 하며 동료와 함께했다. 내가 꿈꿔왔던 매장을 나름 여러 동료와 해왔다. 때로는 힘에 부치기도 했지만 즐겁고 보람된 일터로 더 많은 시간을 보낼 수 있었다. 그리고 지금도 해나가고 있다. 함께 하는 동료들이 있고 찾아주는 고객이 있기에 예전처럼 시끌벅적한 즐거움은 덜하지만 한 사람 한 사람 스타일을 만들어내는 즐거움은 여전하다.

여러 가지 미용 상황과 자영업 상황이 내가 미용을 배우던 30년 전과 많이 달라졌다. 그리고 내가 20년간 해온 매장 운영도 여러 가지로 상황이 변화되었다. 20년 전에 없었는데 지금은 제약이 많다든지, 오너의 권리는 줄어들고 의무는 몇 배로 늘어났다. 또 한 사람 고용에 따른 최저임금과 전체 물가는 엄청 올랐는데 미용 서비스 요금은 제자리걸음이다.

그렇다면 물가 대비 오히려 마이너스라 느껴진다. 또 직원 구하는 것 자체도 힘들지만 일하는 직원들도 예전처럼 직업의식이나 책임감도 덜하다. 이렇게 여러 가지 상황이 몇 년 전부터 변화하였음을 피부로 느꼈다.그것은 고스란히 매출로 연결되고 수익률로 연결되었다. 그리고 지금은 과거와 비교해서 나를 조이거나 함께하는 동료들을 다그치기보다 많은 것을 내려놓게 되었다. 그렇게 내려놓고 변화를 받아들이기로 한 것이다. 매장 동료들도 더 자율적인 분위기에서 각자 꿈과 목표를 크게 가지고 원하는 삶, 성공한 삶을 살아가기를 아낌없이 지원하고자 한다.

우리 매장의 벽면은 내가 추구하는 우리 매장의 가치관 등이 적혀 있다. 그것은 몇 년 전부터 함께 하는 동료들이 큰 비전과 꿈을 갖기를 바라며 붙여놓은 것이다. 소개하겠다.

○○○헤어비스☆☆☆점

1. 가치관
다 함께 아름다운 삶과 행복을 누리는 기쁨을 이룬다.

2. 비전
즐거운 마음으로 풍요로운 삶을 누린다.

3. 미션

꾸미는 즐거움.

멋짐의 기쁨.

누림의 행복감을 함께 나눈다.

4. 핵심가치 및 행동 강행

간절히 원한다.

즐겁게 행한다.

넘치게 받는다.

감사와 풍요를 누린다.

*오늘의 자세 - 우리는 즐거운 마음, 가벼운 발걸음으로 입점하고 행복한 제안과 습관으로 풍요로운 오늘을 누린다. 우리는 점점 더 나아지고 있다.

*일상의 자세 - 우리는 긍정적인 마인드로 "네.", 기쁜 마음으로 "감사합니다.", 친절한 마음으로 "필요하신 거 있으십니까?", "무엇을 도와드릴까요?", 행복한 마음으로 "어떤 스타일로 해드릴까요?", 감사와 축복의 마음으로 "감사합니다. 다음에 또 뵙겠습니다."

위의 말을 습관화하고 있다. 그리고 내가 원하는 것은 다 이루고 누리는데 점점 가까워지고 있다. 함께 하는 모두가 현명하게 꿈을 향해 가기를 바라는 마음을 담은 우리 매장 가치관이다.

난, 몇 해 전부터 느껴왔던 예전 같지 않다는 것을 자영업에만 한정지어 생각했다. 하지만 뜻하지 않은 코로나로 전방위적 업종에 직격탄을 맞을 줄은 몰랐다. 물론, 코로나로 몇몇 업계가 특수나 호황을 누리는 사업이나 일도 있다.

나는 앞으로 내가 하고 싶은 일에 대한 생각을 많이 가졌다. 틈틈이 여유 시간이 있을 때는 오로지 내가 생각하는 미래의 나를 위해 더 많은 책을 읽고 책을 쓰며 시간을 쓰고 있다. 나도 매장 운영을 처음에는 가족들에 의해 떠밀리듯이 했다. 하지만 내가 진정 이루어보고자 하는 꿈으로 '성공적 매장 운영'을 목표로 가지면서 즐겁게 해나갔다. 그리고 성급한 매장 확장과 건강에 무리가 오면서 큰 수술 등으로 실패와 아픔을 겪었다. 그렇게 나보다는 다른 사람들의 눈치를 보며 일을 벌이고 해오면서 겪은 경험이었다.

그 실패를 맛보며 돈과 건강을 잃을 뻔한 비싼 수업료를 치른 것이다. 그리고 몇 해 전부터 찾아오는 위기와 슬럼프의 시간을 온전히 나의 계획을 실천하는 데에 쓰고 있다. 그리고 하루하루 나를 위한 시간에 열정을 다하고 있다.

지금 당신은 다른 사람의 눈치를 보지는 않는가? 현명한 사람은 다른 사람 눈치 보지 않는 인생을 사는 것이다. 진정한 자신을 위한 인생을 계획하고 열정으로 이뤄 가보라.

그렇게 진정한 삶을 살아라.

8

·

·

·

상처받지 않을 만큼
까칠하게 살아라

내가 하는 일은 사람들의 머리를 예쁘게 해주는 일이다. 사람들의 헤어는 사람마다 매우 다양하다. 모발, 얼굴형, 취향, 손상도 등의 기본적인 것도 그렇지만, 각자 요구하는 스타일이 달라 기계로는 아직 할 수 없는 일이다. 그렇게 IT나 인공지능의 사회적 발전으로 향후 10년 후에 사라질 직업 등 리스트는 해마다 거론된다. 그런데도 나의 직업은 미적 감각과 손으로 해야 하는 특수성으로 사람들은 걱정 없겠다며 얘기한다. 그렇게 미용실 일은 일일이 사람 손으로 다해야 하는 일이다. 그렇게 사람 손으로 사람 머리를 만지는 일, 항상 사람을 대하는 일이다. 사장은 직원과 고객을, 직원은 사장과 고객을. 우리의 일은 사람에 의해 이뤄지는 일이다.

다들 잘 알겠지만, 세상에서 많은 힘든 일 중의 하나가 사람과 부딪히는 일 아니겠는가. 그런 관계란 좋을 때는 참 좋은 일도 많지만 대체로 사람들로 인해 상처받는 일이 많다.

사람을 관리한다는 것도 참 힘든 일 아니겠는가. 누군가가 누구를 관리해야 한다니, 매뉴얼이 있어서 다 각자 알아서 하면 좋지만 일이 그렇게 되지만은 않으니까. 예전에 많은 동료와 함께 일할 때이다. 다 함께 잘해보고자 하고 나서도 협조하지 않는 사람은 꼭 있다. 또 조직 생활을 함께하지 않고 따로, 아니면 끼리끼리 하려는 사람으로 문제가 생기기도 한다. 언제나 좋은 사람은 없다. 나는 성격이 온순해서 '좋은 게 좋다'는 생각의 소유자이지만 사람으로 인한 스트레스는 일에 대한 회의감으로 연결된다.

앞에서는 너무 협조적이고 문제없는 척하고 뒤에서는 다른 행동을 한다든지, 대놓고 뺀질거리거나 비협조적으로 하는 사람, 잦은 근태 불량으로 서로를 힘들게 하는 사람, 많은 사람과 함께 하면 그만큼 다양한 경험을 하는 것이다.

현대사회는 복잡한 사회문제나 극심한 스트레스 등으로 정신적으로도 문제 있는 사람이 많지 않은가. 거기다 초 이기주의자도 많다. 그런 다양한 문제를 안고 있는 사람들을 상대하는 일은 마음에 상처를 입고 힘들어하는 경험을 많이 하게 된다. 그렇게 사람으로 상처받아 아예 전업이나 전직하는 경우가 많다. 요즘은 젊은 층은 다들 귀하게 자란 세대로 집에서 귀한 딸, 아들이다 보니 더 힘들게 느낀다. 육체적으로도 서서하는 일인 데다가 인간관계까지 신경 써야 하는 일이니 쉬운 일은 아니다. 이 문제를 그나마 줄여주는 것은 일에 대한 열정과 좋은 사람들과의 관계에서 즐거움을 찾는 것이다. 힘들고 우울한 일은 빠르게 잊어버리고 즐겁고 재미난 일에 초점을 맞춰 재능을 발휘하며 보람을 느끼는 것이다. 그렇게 오랜 시간 쌓은 경험으로 난 나만의 필살기가 있다. 그것은 모든 동료에게 적당한 선을 그어두는 것이다. 너무 좋다고 껌뻑 넘어가지도 너무 싫다고 미워하지도 않는 것이다.

사람은 다들 나를 비롯하여 각자의 장단점이 있으니 인정하는 것이다. 그리고 너무 많은 정을 주지 않는 것이다. 너무 괜찮은 사람 같아서 "참 일을 잘한다.", "너무 예쁘고 착하다."라고 칭찬하기가 무섭다. 바로 다음 날 "그만두겠다."든지 조용히 연락 두절을 한다든지 하는 일을 많이 겪었다. 그렇게 칭찬에 인색한 사람이 되어간다. 그러다 보니 선을 그어둘 필요성을 느낀다. 너무 정을 주지 말자. 이것이 나만의 오랜 매장 운영으로 터득한 내가 상처 덜 받는 대처법이다.

"응, 알겠어요. 생각해봅시다."

"응 맞네. 맞아. 다시 확인해볼게요."

내가 말의 실수를 최대한 줄이기 위한 대화법이다. 동료들은 갑작스럽게 물어본다. "이것은 이렇고 저래서 그렇게 하고 싶다." 아니면 "그래서 그렇게 해주세요." 등 다양한 요구를 갑작스럽게 늘어놓거나 해달라고 떼를 쓴다. 그것을 바로바로 순간적 판단으로 얘기나 확답을 하다 보면 꼭 문제가 생길 때가 많다.

더 많은 문제가 있는 것을 감추고 그 부분만 얘기하고 확답해주기를 바라는 의도에서 오는 문제와 얘기를 들어보고 배려해서 그렇게 하라고 했는데 바로 나를 곤란하게 힘들게 하는 문제로 되돌아오는 경우도 많기 때문이다. 그래서 상처를 입고 힘든 경험을 여러 번 겪다 보니 내가 대처하는 대화법이다. 일에 있어서는 절대 냉정하게 판단해야 한다. 여러 사람을 대하는 것은 그만큼 다양한 변수가 발생할 수 있기 때문이다. 그리고 그것은 고스란히 나에게 상처로 남을 수 있기 때문이다. 하루 이틀 할 일도 아니기 때문에 이성적으로 냉정하게 판단해야 한다. 그렇게 덜 상처받고 서로 보듬어 안아주며 함께 '으샤으샤' 해나가는 법이 아니겠는가. 내가 아는 오너들도 사람들과 일하면서 상처받아 일을 접은 경우도 많다. 사람으로 상처받는 일은 비단 우리 일에서만은 아닌 것 같다. 직장인들도 상사나 오너로부터 많은 상처를 받고 힘들어 하는 경우가 너무 많다. 요즘은 다양한 직종과 직업군에서 이런 일로 일을 그만두는 경우를 많이 봤다.

25년 전 언니는 세미나 겸 연수를 미국으로 간 적이 있다. 그 당시 언니는 충격을 받은 얼굴로 얘기했다. 미국 이민자 중 미용을 하는 A씨는 꽤 오랜 이민자임에도 능숙하게 일을 해야 하니 어학을 배우기 위해 꾸준히 영어 학원을 다니며 일을 하고, 거기다 헤어손질에 따른 클레임을 법적으로 처리하기 위해 법원을 다니며 바쁘고 힘겹게 미국 생활을 하더라는 것이다. 미국이란 나라는 벌써 25년 전부터도 약간의 문제가 발생하면 고소고발이라는 법적 장치로 이어지는 시스템을 구축한 나라이기 때문에 여러모로 힘들다면서, 우리나라도 곧 그런 일이 벌어질 것 같다는 우려의 얘기를 했던 기억이 있다. 이제 우리도 그런 일이 고스란히 이어지고 있다. 시대의 흐름으로 받아들여야 한다. 그렇게 받는 상처는 크게 남는다. 요즘은 의사 선생님, 학교 선생님, 그 외 다양한 자영업 사장님들이 일도 힘들지만 사람들에 너무 많은 상처를 받아 조기 퇴직하거나 일을 접는 경우가 많다.

일을 많은 사람과 함께 오랫동안 하다 보면 즐겁고 좋은 일도 참 많다. 반면 꼭 의도적으로, 나쁜 의도를 가지고 사람을 힘들게 하는 사람도 가끔 있기 마련이다. 사람이 사람에게 주는 스트레스는 서로에게 더 많은 상처로 남는다. 보람되어야 할 일터가 지울 수 없는 상처로 얼룩지는 것이다. 세상의 물질문명이 급속도로 발전하였다. 그리고 요즘은 집에서 혼자 있어도 인공지능 로봇과 대화하지 않는가. TV를 켜주는 인공지능, 핸드폰에 함께 있는 인공지능 밖에서 거실 보일러와 조명까지 다 켜주는 인공지능 로봇 등 IT의 발달로 멋진 기기들이 넘쳐난다. 그리고 그것들은 감정이 없다. 인공지능 로봇과 IT 기기가 발전할수록 앞으로의 세상은 지금보다 더 각박해진다.

지금은 예전처럼 정으로 이어져서도 안 된다. 좀 더 철저한 인간관계 관리나 사람 관리, 매장관리로 상처받지 않고 서로 당당하게 일할 수 있는 관계형성이 중요한 것이다. 아무리 많은 사람을 대하고 관계로 만들어진 일터일수록 지켜야 할 선을 명확하게 해야 한다. 그리고 서로 간의 예의를 지켜나가는 분위기를 조성해야 한다. 그렇게 나는 시간이 날 때마다 내 마음의 허함을 여가 시간에는 책을 읽으며 내면을 채운다. 너무 많은 관계에 집중해서 상처받지 않기를 바란다. 자기 스스로 세상을 보는 의식을 확장하자. 그리고 내가 원하는 삶을 살아가는 기쁨과 충만함을 채우자. 누구의 눈치도 보지 않는 내 인생을 살아가는 것이다.

우리는 상처받지 않을 만큼 까칠하게 살자. 그리고 도도하게 당당하게 내면을 채워나가자.

9
.
.
.

만약 당신이
힘들고 외롭다면

나를 힘들고 외롭게 하지 않는 행복한 인생은 어떻게 이뤄내는 것일까? 우리 인간은 군중 속에서도 외로움을 느낀다. 그렇다고 혼자 살아갈 수도 없다. 어릴 때부터 나는 외로움을 많이 탔다. 내가 느낀 나는, 주위를 아무리 둘러봐도 내 외로움을 채워줄 누군가를 찾지 못했다. 한때 나는 나만 빼고 다들 즐거워 보였다. 그렇게 나는 나의 외로움을 안으로 삭혔다.

나는 어릴 때 더 많은 사랑과 관심을 받고 싶었다. 그런데 많은 가족 탓에 내 몫의 관심과 사랑은 얼마 없었다. 어릴 때 부모님과 대화한 기억이 없는 것 같다. 부모님은 많은 자녀를 챙기기 바쁘셨고, 힘들게 벌어 먹이며 키우느라 삶을 살아내기 힘겨우셨다. 그렇게 나는 힘든 삶을 사신 부모님의 대화 상대가 되지 못했다. 한참 어릴 때지만 하고 싶은 거, 갖고 싶은 거, 아니 말하고 싶은 게 많았는데 나와 대화를 나눌 사람은 없었다. 내가 하고 싶은 모든 것은 말도 한번 꺼내보지 못했다. 그렇게 외롭고 힘든 어린 시절을 나는 보냈다.

또래 친구들은 형제가 기껏해야 1명~2명 정도였다. 그러니 얼마나 많은 관심과 사랑을 받았겠는가. 어릴 때는 관심과 사랑으로 자라지 않나. 그렇게 충족되지 않은 사랑으로 나의 어릴 때 기억은 별로 없는 것 같다. 사춘기 때도 마찬가지였다. 한참 예민하고 고민 많을 때 혼자 끙끙 앓았던 것 같다.

살기 바쁜 부모님과 형제는 나에게 귀 기울이지 않았던 것 같다. 그렇게 그 시절 각자 살아내기 바빠서 서로에게 관심을 기울이지 못했다. 나에게 관심과 사랑을 표현해주는 가족은 없었다. 항상 사랑의 부족함을 느꼈던 나는, 나를 표현할 줄 모르는 사람으로 성장한 것 같다. 그런 환경에서 자란 나는 요즘도 많은 자녀를 둔 부모의 가정을 보면 안타깝다. 채워지지 않는 사랑으로 부족함을 많이 경험했기 때문이다. 그렇게 어려운 환경에서 자라서 부유한 삶을 몰랐다. 너무 모르니 딱히 갖고 싶거나 하고 싶은 것에 대한 욕구도 별로 없었다. 많이 누리지 못한 나는 소박하고 수수한 내가 아는 만큼의 꿈을 꾸었던 것 같다. 세상에 크게 성공한 사람들은 그런 환경을 누리며 더 많은 것을 갖기 위해 큰 꿈을 꾸고 이루는 사람들이 많다.

그 시절 나는 외롭다, 힘들다고만 생각했다. 그리고 그 시기를 기회로 바꾸지 못했다. 내가 좀 더 현명하거나 똑똑하게, 외롭고 힘든 시기의 극복을 책에서 찾았어야 했다. 책에 영 관심이 없었던 것이다. 책으로 내면을 채우며 꿈꾸고 이루어 내는 사람으로 성장했으면 좋았을 텐데 그러지 못했다.

지금 어린 시절의 나와 같은 아이들을 마주한다면 얘기해주고 도움이 되고 싶다. 지금 충족 되지 않는 부족함에서, 내면의 풍요를 이루어 내는 길을 찾는 법을 배우고 알아야 한다. 어떻게 큰 꿈을 꾸며 외롭지 않고 행복한 인생을 만들어갈지 계획해야 한다. 그리고 자기 자신을 채우고 계발해 내는 책을 꼭 읽고 자신의 내면과 꿈을 이루는데 시간과 돈을 투자해야 한다. 내가 상상한 꿈을 이루어낸다는 것은 얼마나 멋진 일인가. 나처럼 분명 외롭고 힘든 또 다른 어린아이는 목말라 하고 있을 테니까. 그 친구들의 물을 찾는 법에 도움을 주고 싶다.

누구나 행복한 미래를 꿈꾼다. 20대는 안정된 취직자리를 꿈꾸고 젊은 직장인은 결혼으로 행복한 가정을 이루기를 꿈꾼다. 청춘은 누군가와 함께 행복한 가정을 이루길 꿈꾼다. 우리는 많은 꿈을 꾸어야 한다. 잘 때 꾸는 꿈이 아닌 보이지 않는 미래를 그리는 꿈이다. 지금의 나는 내가 꿈꾼 만큼의 나를 이룬 것 같다. 그렇게 내가 꿈을 이룬 대단한 사람이란 게 아니다. 소박한 작은 꿈을 꾸었던 것을 얘기하고 있다. 어릴 때는 내가 꾸는 꿈이 나의 미래가 된다는 사실을 미처 깨닫지 못했다. 아마 알았다면 더 큰 꿈을 꾸었을 것이다. 그리고 나는 살아오면서 많은 외로움을 느꼈고, 마음이 힘들었다. 단지 겉으로 표현하지 않을 뿐이었다. 오히려 성인이 되어 어릴 때 느낀 어른들의 무관심이나 사랑 고픔은 덜했던 것 같다. 어른이 되어서는 "웃으니까 행복하다."라는 격언처럼 가진 것에 감사하려 했다. 항상 미소 지으며 행복을 부르는 나를 만들고자 했다.

나는 삼십 대 때는 일에 빠져 많은 시간을 거의 보냈었다. 그리고 사십 대가 되어 "아~, 아니 내가 벌써 40대라니!"라며 슬퍼했다. 삼·사십 대 때 일과 생활이 안정되고 마음의 여유가 생기니 또 외롭다는 생각이 들었다. 어릴 때 내가 느낀 결핍에서 오는 외로움이 아닌 또 다른 외로움으로 찾아 왔다. 나이가 자꾸 많아지니 더 이상 내가 원하는 삶을 못살까 봐 불안해지는 것이다. 마음도 조급해졌다. 친구들이나 내 나이대 사람들은 다들 남편과 아이들이 있다. 혼자가 아니라 할 일도 많고 신경 써야 할 것도 훨씬 많다.

그걸 너무도 잘 알고 있지만, 함께하는 행복한 삶을 꿈꾸는 난, 내 짝을 찾는 것을 포기하지 않았다. 혼자보다 함께 하는 행복한 삶을 상상한다. 그렇게 어릴 때와는 또 다른 외로움을 느낀다. 여태 짝을 만나지 못한 나는 좋은 사람을 만나 함께 행복한 삶을 이루고 싶어 한다. 혼자서는 할 수 없는 둘이서 함께 하고 싶은 게 많다.

나이 들어 누군가를 만난다는 것은 더욱 어려워진다. 그래서 내가 필요한 신랑은 내가 찾아야겠다는 생각으로 결혼정보회사도 가입했었다. 그리고 몇몇 사람을 만나 보았다. 그중 생각나는 사람이 있다. 내가 결혼정보회사를 통해 알게 된 K씨는 P공대를 나와 하는 일이 적성에 맞지 않아, 다시 수의학과를 졸업한 학력의 소유자였다.

그는 시골 군청 소속으로 농촌의 가축관련과 공무원으로 일을 했다. 사람은 순하고 착한 사람 같았다. 그때 나는 크게 아팠다가 회복한 뒤여서 함께 자연에서 편안한 제2의 삶을 살아가는 것이 좋을 것이라 생각했다. 이제껏 살아보지 않은 전원생활로 소박하게 살아야겠다는 생각을 한 것이다. 그리고 몇 번의 만남이 이어졌다. 하지만 자연과 함께해야겠다는 생각도 잠시, 전혀 모르는 시골에서 살아갈 생각을 하니 도저히 용기가 나지 않았다. 그렇게 그 마음은 생각으로 그쳤다. 그렇게 겪어보지 않은 전원생활의 자신감 부족으로 그와의 인연은 짧게 그렇게 끝났던 기억이 있다. 그리고 또 다른 J씨를 만났다. 무역회사를 한 몇 살 연상의 사업 가였다. 친한 오빠 동생사이로 지내며 몇 개월 동안 여행도 하고 소소한 시간도 함께 보내며 데이트를 했다. 그런데 결혼은 쉽지 않았다. 오랫동 안 살아온 방식이 다르고 생각도 달랐다. 크게 모나지 않은 좋은 사람이 었으나 사소한 소통이 안 되면서 서로 대화가 잘 안 맞았다. 결혼을 떠나 서로 얼굴 보면 즐겁고, 소통하고 싶고, 같이 나누고 싶고, 함께하면 더 기쁘고 해야 한다. 그런데 그때는 시간이 지날수록 할 말도 없고, 서로 관심사도 다르고 별로 함께할 의미를 못 찾고 서로 맹숭맹숭 했던 것 같 다. 그렇게 또 정리가 되었다.

오히려 서로 맞지 않으면 함께 해서 행복해야 할 시간이 채워지지 않 는 더 큰 외로움과 힘듦의 문제를 만들어낸다는 것을 인정해야 한다. 그 리고 모든 것을 함께한다, 보다는 혼자일 때의 자신의 열정과 충만함이 먼저라는 생각이 든다. 인생의 반려자는 보기만 해도 좋고 사랑하며, 서 로를 지지하고 응원해야 한다. 함께 꿈꾸고 함께 행복하고 함께 풍요를 누릴 수 있는 의식이 확장된 진리의 삶을 함께 살아갈 수 있는 사람이기 를 희망해본다. 그것은 나의 내면을 채워 나 스스로 이루어내는 성취와 성공과 함께 찾아야 할 것이다. 만약 내가 힘들고 외롭다면 지금부터라 도 남의 눈치 보지 않는 내 인생의 주인공으로 살아보라. 진정 내가 원하 는 삶을 살아가는 것이다.

나의 내면의 충만함을 채워나가는 잠재의식 활용법을 공부해보라. 나의 현실에 안주하지 않고 내가 즐거운 또 다른 꿈을 꾸라. 내가 즐거운 일을 많이 찾아 즐기자. 새로운 큰 꿈을 꾸며 그 꿈에 집중하는 즐거움을 가져보라. 잠재의식을 깨워 우주를 들여다보라.

의식이 확장되면 힘들고 외로움 따위는 없다. 나의 삶의 진리를 찾아가는 기쁘고 충만한 행복만이 넘친다.

당신이 힘들고 외롭다면 내 인생의 진리를 찾는 데서 시작하기 바란다.

눈물겨운 시절을 보내고 성공한 트로트 가수, 태진아

어려운 가정형편으로 초등학교만 나온 가수 태진아는 눈물겨운 젊은 시절을 보냈다. 그는 돈을 벌기 위해 안 해본 일이 없었다. 웨이터, 구두 닦이, 신문팔이, 우유 배달원, 식당 종업원, 노숙자 등 엄청 많은 직업을 거치면서 힘들게 살았다. 식당 종업원 시절 우연히 작곡가의 눈에 띄어 가수의 길을 걷게 되었다. 고생 끝에 데뷔했지만 별 반응이 없어 미국으로 떠났고 그곳에서 비참한 생활을 이어갔다. 그는 절실하게 꿈을 이루기를 원했고 숱한 어려움을 이겨내고 마침 노래 〈옥경이〉가 히트하며 가수로 성공가도를 걷게 되었다. 그는 수많은 시련 속에서도 좌절하지 않고 끊임없이 노력하고 도전해 최고의 자리에 올랐다. 그리고 지금은 누구보다 행복한 삶을 살아가고 있다.

3 장

애쓰지 않고 즐겁게 살고 싶다

1

.

.

.

애쓰지 않고
즐겁게 살고 싶다

봄비와 함께 하루가 시작된다. 오늘은 휴무이다. 일주일에 하루 쉬는 날이다. 코로나로 매장은 조용하다. 그렇다고 막 쉴 수도 없다. 어제도 조용한 가운데 고객이 간간이 찾아온다. 매장을 지키며 내손을 거쳐야 하는 일들 정리로 분주했다.

오늘은 날씨 탓인지 찌뿌둥하다. 그렇게 아침부터 컨디션이 제로라도 휴무일은 헬스 PT를 받는다. 코로나 탓으로 헬스장은 조용하다. 지금 나이엔 건강이 중요하므로 웬만하면 PT는 꼭 하려 한다. 열심히 하고 나면 확실히 내 몸에 근육이 단단해지는 느낌이다. 그런데도 뱃살은 한 해 한 해 다르다. 슬프다. 식습관이 중요한데, 일을 하다 보면 규칙적으로 안 된다. 식사는 되도록 야채를 많이 섭취하려 한다. 유기농 야채를 먹으려 어제는 자연드림을 들렸다. 나는 싱글이다 보니 개인적인 삶은 많이 여유롭다. 챙겨야 할 사람은 없으니까. 그렇다고 시간이 많은 것은 아니다. 왜 그런지 시간은 항상 부족하다. 시간에 대한 낭비벽이 심한 것 같다. 시간은 확실히 쪼개어 쓰기 나름인가보다. 내 친구들은 같은 삶을 살았는데 아이들을 다 키워냈다. 그걸 보면 도대체 난 뭘 한 거지 싶다. '결혼은 해도 후회, 안 해도 후회.'라고. 결혼을 안 해서 쑥쑥 잘 커준 자식도 한 명 없다. 그리고 여태까지 해놓은 게 없는 것 같다. 딱히 돌볼 내 가정이 없다 보니 나의 일상은 일에 초점이 맞춰져 있다. 오로지 마음 맞는 내 짝이 필요하다. 나를 있는 그대로 받아주는 사람. 그리고 가슴이 넓고 유머가 있는 사람으로.

당신은 어떤 삶을 살아왔나? 빠르게 흐르는 시간과 함께 내가 어떤 삶은 살아왔는지 짚어봐야 할 것 같다. 왜 이 풍족한 세상에서 더 많은 것을 누리지 못했을까. 왜 아쉬운 마음이 드는 걸까. 내가 이 세상에 온 삶의 목적을 생각해본다. 인생의 반이 지나가고 나니 뒤돌아보게 된다. 우리의 영혼은 죽지 않는다. 보이는 실체만 죽는다. 이생을 다하고도 영혼은 영원할 것이다. 내가 이생에 온 목적은 진리를 향한 삶을 사는 것이다. 그것을 이제 느끼고 실천하고 있다. 여태 나는 항상 애쓰는 삶을 살아왔다, 그렇게 애쓰는 가운데 즐거움을 찾아내려 했다.

20대 때는 일을 배우고 익히면서 가족들에 도움 되는 딸이 되려고 애썼다. 그렇게 남들에게 신경 쓰이게 하는 사람이 되지 않으려 노력했다. 항상 시키지 않아도 알아서 하려 했다. 내가 그나마 안정적으로 생활하고 있는 것은 책임감이 많이 작용한 것 같다. 책임감으로 힘들어도 참고 해내려 했다. 살아오면서 많은 어려움을 만났지만 그때마다 인내했다. 그런 내 모습은 잘했다 싶을 때도 있고, 왜 그랬나 싶기도 하다.

2012년에는 나에게 갑작스러운 하혈과 함께 암 진단을 받았다. 그동안 책임감으로 짓눌린 피로감을 많이 느꼈었다. 그렇게 갑작스럽게 암 진단을 받았을 때, 언니는 내게 말했다.

"너 요즘 계속 죽고 싶다더니."

그렇게 힘들어서 암이 생긴 것 같다고 한다. 나도 모르게 일에 '지치고 힘듦을 그렇게 표현 했구나!' 생각하며 나도 놀랐었다. 나는 갑작스런 암 진단에 세상이 정지한 느낌이었다. 무슨 생각을 해야 할지, 그냥 공황상태였다. 크게 동요되거나 슬프지는 않았다. 단지 '이건 뭐지?', 내가 뭘 해야 할지, 아무 생각 없이 그럼 내가 뭘 할 수 있는지, 어떻게 해야 하는지 멘붕 상태로 한참 있었다. 죽는 것은 두렵지 않았다. 그동안 하루하루 열심히 살았으니, 미련은 없었다. 그렇게 사십 대 초반에 애쓰며 열심히 살아온 나는 쉬어가라는 경고를 받았다. 스트레스 그만 받고 좀 쉬어가라고 몸이 말을 했다. 그렇게 나의 암 진단으로 우리 가족을 비롯하여 지인들은 충격을 받았다. 그리고 다들 누구나 암이 걸릴 수 있다는 생각에 암보험을 챙겨 들었다. 나의 암 극복은 비교적 수월하게 진행되었다. 그 시점에 일로 스트레스와 과로가 쌓여 있었지만 별문제 없이 극복되리라는 긍정적 생각은 있었다. 큰 아픔을 겪고 나면 사람들은 그동안 잡고 있던 욕심을 놓을 수 있게 된다. 너무 애쓰지 않고 현실에 만족할 줄 아는 감사함에 눈뜨는 것이다.

나는 그렇게 어디로 가는지도 모르게 바쁘게 갔었다. 엑셀레이더에서 발을 뗄 수 없는 고속도로 위의 자동차 마냥 쉼 없이 앞으로 달려갔던 것이다. 내 의지로는 멈출 수 없는 줄 알았다. 그러다 보니 몸의 과부하로 쉬지 않으면 안 되게 만들었던 것 같다. 참, 신의 능력을 느낄 수 있는 때였다. 그리고 1년 가까운 상태를 암 치료에 매달렸다.

그리고 서서히 회복되어 일에 복귀할 수 있었다. 하지만 일은 나의 빈자리를 채우지 못하고 힘든 상태였다. 내가 없는 사이 직원들은 많이 빠져나갔고, 복귀 후 더 많은 시간을 내가 일에 매달려야 했다. 잠깐은 그렇게 할 수 있지만 긴 시간을 매장에 매달리기는 피로감이 너무 컸다. 또 한 번의 욕심을 내려놓은 시점이었다.

많은 돈을 들여 투자한 매장이었다. 하지만 수월하게 즐겁게 일을 해 나가야 하는데 그러지 못했다. 그래서 이번에는 몸이 아프다고 말하기 전에 정리하는 쪽으로 가닥을 잡고 싸게 넘겼다. 손해는 많이 봤지만 미련도 없었다. 그동안 열심히 살았기 때문이다. 그렇게 큰 손해를 봤던 매장은 두고두고 동생의 원망을 들었다. 과욕이 부른 참사라고. 그렇게 아파하면서까지 실컷 일을 해보았다. 그리고 큰 손해 보며 실패도 해보았다. 그리고 이제 일에 대한 미련은 없다. 내 시간을 더 많이 가지는 여유로운 삶을 살고자 한다.

그 일 후 몇 년 동안 가까운 운동센터에서 밸리댄스를 배웠다. 댄스라는 것은 몸치도 웃게 만들어준다. 그리고 밸리댄스는 반짝반짝 스팽글이 많이 들어간 옷을 입는다. 그 옷은 화려하고 노출이 많다. 밸리 복을 입고 골반을 중심으로 흔드는 운동이다. 밸리댄스는 여성의 골반에 좋다. 예쁘고 화려한 옷을 입고 음악에 맞춰 실컷 흔들고 나면 스트레스가 날아간다. 밸리댄스는 음악이 워낙 이국적이며 경쾌해서 더 신나는 것 같다. 잘 못 춰도 괜찮다. 화려한 스팽글에 감춰져 못 추는 티가 덜 난다.

그때 알았다. 직장에 다니지 않고, 자기 시간을 취미만으로 즐기는 사람이 많다는 것을 말이다. 지금 어디로 가는지 알고 싶을 때는 시간을 내어 쉬어보자. 취미로 운동을 해보라. 운동이 주는 땀방울로 나를 숨 쉬게 하라. 댄스를 배워보시라. 음악에 맞춰 스텝을 밟아보시라. 흥겨운 리듬을 타는 세포 하나하나가 즐거움으로 비명을 지르도록 추고 또 추라. 그 동안 일만 하느라 발견하지 못한 당신의 보석을 발견하라.

벤자민 프랭클린의 명언이 있다.

"자신의 능력을 감추지 마라. 재능은 쓰라고 주어진 것이다. 그늘 속의 해시계가 무슨 소용이랴."

더 많은 도전으로 나 자신의 능력을 찾아보라. 인생의 빛은 의외로 가까운 곳에서 나를 웃게 한다. 시간은 빠르다. 하지만 시간을 쓸 줄 모르는 사람은 아무 의미 없이 흘려보내며 인생을 낭비하게 된다. 스트레스의 구덩이에서 벗어나라. 소소한 일상이 주는 행복을 만끽하자. 자리를 박차고 나와 내면의 내가 좋아하는 일에 빠져보자. 우리가 즐거움에 비명 지를 때 나의 상상력이 이룬 꿈은 가까이 다가와 있다. 도저히 바빠서 활동적인 취미가 어렵다면 또 좋은 즐거움이 나를 기다린다.

책에서 즐거움을 찾는 것은 어떠한가. 내가 필요한 모든 것을 속삭이듯 알려주는 선현들을 찾아라. 내게는 네빌 고다드의『상상의 힘』,『믿음으로 걸어라』가 부모님도 언니도 안 가르쳐주는 삶의 지혜를 알려준 책이다. 시간 날 때 마다 읽고 또 읽는다. '하나같이 열심히 살았는데 별 성과가 없다.', '무엇을 어떻게 살아야 하나.' 싶을 땐 펼쳐보라.

애쓰지 않고도 즐겁게 사는 방법을 배워야 한다. 없는 것 없이 풍족한 지금 아무도 내게 스트레스 줄 수 없다. 내가 행복해지는 법을 하나하나 찾아내서 즐기면 된다. 무엇을 꿈꾸는가. 내가 상상한 만큼 나는 이루어 낸다. 스펙과 학력, 집안 형편, 지금 내가 가진 것, 아무런 제약이 될 수 없다. 내가 꿈꾸기만 하면 된다.

가장 중요한 것은 꿈이 이루어진 결말에서부터 믿음으로 걸어 나가면 못 이룰 게 없다.

열심히 한 당신! 이제 애쓰지 말고 즐겁게 즐기시라~.

2
.
.
.

감사하는 마음의
보물 상자

따뜻한 아침햇살이 온 동네를 환하게 비추는 계절이다. 엊그제 온 봄의 전령사 비는 드디어 봄의 팡파르를 울렸다. 봄비에 씻겨 나간 세상은 참으로 아름답다. 누구의 작품인지 경이롭다. 바람도 봄을 향해 내달리듯 조금은 쌀쌀함을 안겨준다. 추운 겨울을 이겨내고 삶의 희망으로 다시 피어나는 새싹들은 또다시 초록세상을 꿈꾸며 피어나기를 선언한다.

만약 당신이 힘들고 불행하게 느껴진다면 감사한 마음을 가져보자. 모든 사람이 충족되지 않는 마음과 부족한 마음이 들어 외부에서 원인을 찾고 해답을 찾으려 한다. 원인은 결코 밖에 있는 것이 아니다. 내 안에 있다.

내 마음에는 보물 상자가 하나 있다. 그동안 내가 아끼는 보물을 넣어 두는 곳이다. 내가 생각하는 것들이 나의 미래를 만든다. 감사하는 만큼 나의 미래는 풍요로워진다. 내 마음의 보석 상자를 열고 채우며 나에게 감사하기부터 시작하자.

2012년 8월 나는 큰 수술을 앞두고 있었다. 갑작스럽게 찾아온 암 진단으로 나와 가족은 모두 놀랐다. 나는 그때 두세 군데 매장을 신경 쓰느라 몸에 과부하가 생기는 것을 느꼈다. 놀란 가슴을 진정시키고 빠르게 치료해서 나아야겠다고 마음먹었다. 내 나이 짧다면 짧고 길다면 길게 느낄 수 있는 42살이었다. 서른한 살부터 직원을 많이 두고 프랜차이즈 미용실을 했다. 그렇게 앞만 보고 달리다 서른아홉에 3번째 매장을 하게 되었다. 세 번째 매장은 시내 한복판에 있는 100평 정도의 매장이었다. 매장 크기도 컸고, 그 동네를 잘 모르고 성급하게 입점하는 바람에 이삼 년을 했는데도 별 재미없이 신경 쓸 일이 계속 이어지는 매장이었다.

투자를 많이 하고 신경을 많이 쓴 매장이 실적은 오르지 않고, 직원들은 자리를 잡지 못하고 잦은 이직이 생기면서 나의 스트레스는 극에 달했던 것 같다. 온전히 내가 매장을 지키고 있으면 다른 매장까지 신경을 써야 하는 상황에서 벗어나고 싶었다. 그렇게 스트레스를 받는다싶었는데 어느 날 암 진단을 받은 것이다.

검사 결과를 듣는 순간 많이 놀랐다. 그리고 멍했다. 머릿속이 백지가 되고 아무 생각이 나지 않는 것이다. 몇 분의 시간이 지나고 가족과 통화에서 어떻게 해나갈 지 의논했다. 서울 큰 병원으로 가서 수술과 항암치료를 하기로 결정한 것이다.

운 좋게 명성이 있는 큰 병원에서 입원·치료받을 수 있는 기회가 생겼다. 그리고 실력 있는 의사선생님을 만나 큰 후유증 없이 몸의 원래 기능을 유지하면서 수술을 하고 항암을 하는 성공적 결과를 얻었다. 내가 여태 살아오면서 많은 감사할 일 중에서도 아주 고맙고도 감사한 일이었다. 서른 살 이후부터 항상 집의 가장으로 살아오면서 책임감에 받는 스트레스가 은근 있었을 것이다. 그런데 내가 뜻밖의 큰 병을 진단받으면서 가족의 따뜻한 염려와 걱정과 빠른 대처로 좋은 병원에서 빠르게 회복할 수 있었다. 아마 그런 내게 가족의 소중함과 감사함을 제대로 느껴보라고 온 시련이었을지 모른다. 그렇게 내게는 큰 아픔과 함께 찾아온 시련에서 보석 같은 가족의 감사함을 경험했다. 뜻밖의 암 진단에 따른 공포에도 나는 죽는 것에 대한 두려움은 없었다. 나는 일찍 철들었고 철들면서부터는 계속 주어진 삶을 열심히 살려 노력했다. 그렇게 나는 삶에 당당했다. 살아온 날에 대한 미안함이나 미련 같은 것은 없었다. 그리고 부끄럽지 않았다. 단지 아쉬움은 있었다. 아름다운 세상을 좀 더 누려보지 못한 아쉬움은 컸다. 그렇게 나는 열심히 살아온 나에 대한 감사함을 가졌다.

힘겨운 6개월 간의 수술과 항암치료를 끝내고 마흔셋의 여름 즈음 다시 매장에 복귀했던 것 같다. 그렇게 모든 것에 감사할 수 있는 건강도 차츰차츰 회복해갔다. 한번 아파본 이후, 주말도 일부러 시간을 내어 틈나면 등산동호회 사람들과 등산도 즐겼다. 한라산 겨울 설산도 2번이나 등산하고, 영남알프스, 덕유산 종주, 설악산, 지리산, 월출산 등등. 멋진 많은 산을 '산 그리기'동호회 사람들과 어울려 등산하는 즐거움도 맛봤다. 동생 소개로 알게 된 등산모임 '산 그리기'는 회원들이 다들 털털하고 좋은 사람들이었다. 그렇게 그들과 함께 산을 타면서 마음도 힐링하고 건강도 되찾는 시간이었다.

일하며 인생을 즐기는 마음의 여유를 갖고자 밸리댄스며 골프며 수영이며 다양한 취미생활도 경험하며 바쁘게 즐겼다. 인생은 찾는 만큼 누릴 수 있고 누리는 만큼 즐거우며 즐기는 만큼 삶의 감사함이 넘쳐난다.

지금 하는 매장은 이십 년째 하고 있는 매장으로 그동안 엄청 많은 고객들과 직원들의 사랑을 받았다. 운 좋게 처음 시작한 매장을 이렇게 오랫동안 유지할 수 있었던 것에 대한 감사도 넘쳐난다. 오픈 때부터 여전히 찾아주시는 감사한 고객님들은 나의 보배 같은 존재이다. 함께 했던 직원들, 동료들도 다들 결혼하고 오픈해서 승승장구하며 다 잘 살아가고 있어 더욱 좋다. 크게 모나지 않고 바르게 살아가는 길을 걷다 보니 감사할 일은 더욱 넘쳐난다. 무엇보다 나의 부모님은 큰언니의 보살핌으로 편안한 집에서 따뜻한 식사를 하시며 마음 편히 계신다. 우리 엄마는 파킨슨을 이십 년째 앓고 계시는데도 큰언니의 한결같은 사랑으로 잘 계신다. 아주 건강하시던 아버지도 이제 연세가 여든일곱 정도 되시면서 경중 치매 증세를 보이신다. 그래도 부처님 같은 큰언니의 손길로 편안하게 계시니 너무나 감사하고 감사한 일이다.

그리고 몇 해 전부터 '내가 이제 어디로 가야 할지?', '진정 내가 있어야 할 자리는 어디인가?' 등, 삶에 대한 물음이 떠오른다. 계속되는 생각과 마음은 그 답을 향해 가까이 다가간다. 일상의 감옥에 갇혀 답답한 물음과 해답을 찾아 헤매던 나는 조급해하지 않고 하나씩 찾아 가고자 한다. 매일 감사하면서 내가 찾고자하는 것을 갈망한다면 그 결과는 어디로 가야 할지 길이 보이고 나타날 것이다.

나는 나의 갈망으로 유튜버 〈김도사TV〉를 우연히 듣게 되었다. 그리고 김도사 님의 열정 강의에 매료되어 구독을 하게 됐다. 그 내용은 '처음부터 끝까지' 나를 위한 충고의 메시지로 들렸다. 그렇게 한국책쓰기협회 〈한책협〉의 김도사님을 알게 되었다. 〈한책협〉 김도사 님은 책 쓰기 코치로서의 세계적 실력과 의식 확장으로 이루어내는 삶, 상상으로 이루어 내는 삶 등을 알려준다. 김도사 님은 다양한 영적 세상을 깨닫게 하는 메시지로 내가 찾던 삶과 내가 앞으로 살아가야 할 방향성을 제시해준다. 요즘 난립하는 저가 미용실과 포화 상태의 자영업으로 재미와 흥미를 잃어가는 나는 보람된 일을 간절히 바랐다. 그렇게 내 인생의 또 다른 멘토 김도사 님을 새해에 우연히 만나는 기회를 맞는다.

  지금은 〈한책협〉 김도사 님의 가르침으로 나의 다양한 경험을 책으로 쓰는 공부를 하고 있다. "간절히 갈망하면 구한다."라는 성경구절처럼 나의 간절함이 김도사님을 만나는 행운이 된 것이다. 책을 쓴다는 것은 아주 뜻깊은 기회를 맞이하는 것이다. 짧은 내 삶을 되돌아볼 수 있는 기회를 갖는 대단한 의미의 시간이다. 책을 쓰면 무탈하게 잘 살아온 내 삶에 감사하고, 미래의 내 삶을 멋지게 설계할 시간을 갖는 감사함이 넘치는 일이다. 또 이런 기회와 영적 경험과 영성으로까지 가르침을 주는 김도사 님과의 만남은 내게 뜻밖의 감사함이다. 이렇게 내 마음의 감사한 보물 상자를 열어보니 감사할 일이 넘쳐난다. 내 보물 상자에 이렇게 많은 보물이 있었다니 새삼스럽다. 매일 몇 개씩 감사의 보석을 꺼내서 팔에도 목에도 귀에도 걸고 다녀야겠다. 매일 감사한 마음으로 시작하여 더 많은 삶의 즐거움을 채워나가는 것이다.

3
.
.
.

하고 싶은 게
먼저다

나에게는 하고 싶은 게 다양하게 있다. 최근에 나는 나의 버킷리스트 50가지를 적어보았다. 내가 하고 싶은 것은 차고 넘쳤다. 안 해본 게 너무 많은 것이다. 그리고 해보고 싶은 것도 또한 너무 많은 것이다.

코로나로 일상이 마비된 요즘은 하고 싶은 게 더 많다. 특별한 것을 하고 싶은 것이 아니다. 예전에 누리던 일상을 즐기고 싶은 것이다. 빨리 세계가 진정국면으로 돌아서 우리는 하고 싶은 것을 하며 살아가는 일상이 되기를 바란다. 너무 많은 무고한 사람들이 바이러스에 감염되어 죽고, 아파하며 힘들어한다. 세상의 평화가 빨리 찾아오길 바란다. 그리고 우리가 세상의 아름다움과 행복을 누리기를 바란다.

처음 발병 때는 잠시 감기처럼 퍼지다 곧 잠잠해질 줄 알았다. 이렇게 오랫동안, 세계적으로 전염을 일으킬 줄이야. 그리고 이렇게 오랫동안 마스크를 쓰고 생활할 줄이야. 처음 겪는 다양한 경험들이다. 지금 어린 아이들과 앞으로의 세대들은 누구나 집밖은 다 마스크를 쓰고 다니며, 모든 일상은 마스크를 써야만 가능한 걸로 인식하는 것은 아닐지 싶다. 지금의 질병 사태가 너무 오래 지속되면서 그런 상상을 해본다.

나는 20대 때부터 열심히 하면서 안정된 나의 미래를 준비했다. 그렇게 열심히 한 결과 친구들의 부러움을 사는 매장 오너의 자리도 경험했다. 직원이 스무 명 정도 되는 오너의 자리를 오랫동안 해왔다. 책임감과 함께 다양한 노력이 필요한 자리였다. 지금은 불과 몇 년 사이에 시대가 많이 바뀌어 같은 일을 하지만 분위기는 다르다. 남들이 부러워하는 오너의 자리는 아닌 것 같다. 예전과는 여러가지로 상황이 달라졌다. 그렇게 나에게는 일의 매력이 예전보다 떨어졌다. 너무 많은 매장의 난립과 경쟁적 저가 공세로 별로 재미가 없다. 그리고 높은 매장 관리비용과 더욱 힘들어지는 인재관리까지 한다는 것은 재미없는 일이다. 그냥 혼자할 수 있는 다른 일에 비전을 갖고 혼신의 힘을 다하는 게 낫지 싶다.

여유 시간이 생기면 내가 무엇을 하고 싶은지 생각하는 데 빠져들었다. 몇 년 전부터 지금 일을 벗어나서 좀 더 심플한 삶을 살고 싶다는 생각이 들었다. 그렇게 오로지 나한테 집중하고 할 수 있는 1인 창업에 대해서 꿈꿨다. 요즘은 코로나로 온라인 사업이 대세이다. 그리고 1인 창업도 대세이다.

내가 하고 싶은 것은 여태 일한다고 못 해본 다양한 취미생활을 하는 것이다. 캘리그라피도 배워야 할 것 같다. 요즘은 예전보다 사회 복지가 잘되어 있어서 가까운 주민 센터를 이용하면 저렴하게 배우기가 가능하다. 그리고 유화 물감으로 멋진 유화를 그려 내는 것이다. 화려한 컬러 느낌의 유화. 동양화도 참 멋지다. 먹으로 만들어낸 동양화는 아주 기품 있어 보인다. 그리고 하고 싶은 것은 다양한 운동이다. 줌바 댄스를 배우고 즐기는 것이다. 날씨가 따뜻해지는 계절이면 잔디를 거닐며 부지런히 골프를 치러 다니고 싶다. 신나는 음악과 함께 탱고 등 파트너와 함께 추는 춤을 배워보고 싶다. 발의 스텝이 잘 움직일지 모르겠지만, 음악에 맞춰 원스텝, 투스텝 추는 것이다. 즐거운 음악과 하는 최고의 취미 활동이 될 것이다. 음악과 춤을 배운다면 아마 건강과 수명이 동시에 좋아질 것 같다. 이 모든 것을 다 하기 위해 제일 먼저 해야 할 게 있다.

부자 되기이다. 어릴 때 풍족하지 못했던 부모님의 다섯째 딸로 태어나 누리지 못한 게 너무 많다. 그러다 보니 하고 싶은 것도 참 많은 것 같다. 가난은 병이다. 가난은 마음의 병이다. 가난한 사고가 가난한 느낌과 행동을 낳는다. 가난을 벗어나고자 이십 대 때부터 친구들도 제대로 안 만나고 열심히 일했다. 그러나 이 시대의 대부분 사람은 다들 열심히 한다. 그리고 열심히 한 사람은 다들 여전히 가난하다. 이제 관점을 바꿔야 한다. 부자 되기를 선언하자. 부는 권리이다. 가난한 사람이 가르쳐준 방식대로 생각하고 공부한 것에도 함정이 있다. 부를 누려보지 않은 자는 모른다. 그러니 가난했던 우리의 부모님, 선생님, 사회가 열심히 부지런히 살라고 가르친 것이다. 그렇게 열심히 살아온 우리의 부모들은 다 가난에서 크게 벗어나지 못했다. 부자 되는 법을 알아야 한다.

하느님은 우리에게 부를 누릴 권리와 의무를 주었다. 하느님이 주신 권리와 의무를 무지해서 못쓰는 것은 하느님에 대한 죄다. 하느님은 우리에게 모든 것을 경험하고 누리도록 해놓으셨다. 우리의 누리고 싶은 모든 것은 우리의 잠재의식에서 꺼내어 쓰게 세팅하신 것이다. 하느님과 같은 형상으로 만들어진 우리는 하느님의 능력도 함께 부여받았다. 그리고 이 땅에 태어난 우리는 하느님이 주신 최고의 능력을 경험하기 위해서이다. 부자의 관점에서 생각하고 행동해야 한다. 그동안 자신도 모르게 관습으로 가난을 불러들이고 행동했다면 멈춰야 한다. 모든 고정관념을 벗어던져야 한다. 잘못된 관습으로 만들어진 관념이다. 그리고 오로지 하느님이 주신 능력을 더 많이 경험하기 위해 생각하고 행동해야 한다. 이미 내가 부자가 된 것을 생생히 느낀다. 명품 가방을 들고 명품 옷을 입고 명품 차를 타고 럭셔리 펜트하우스에 사는 것이다. 이 생생한 느낌은 나에게 부자의 권리를 누리게 해준다.

제일 먼저 해야 할 것은 부자 되기이다. 부자가 되기 위해 부자인 내가 누리고 싶은 것, 갖고 싶은 것, 하고 싶은 것을 생생하게 느끼고 상상한다. 모두 다 갖고 이룬 결말에서부터 생생하게 느끼며 그것을 나의 잠재의식에 각인시킨다. 그것은 곧 현실이 되어 나의 눈앞에 나타난다. 부자가 된 나는 시간이 많다. 시간이 많으면 내가 하고 싶은 것을 더 많이 할 수 있다. 인생은 짧다. 내게 주어진 시간은 정해져 있다.

"생각대로 살지 않으면 사는 대로 생각하게 된다."라는 프랑스 소설가 폴 부르제가 『정오의 악마』라는 책에 쓴 내용이다. 그렇게 사는 대로 생각할 것이 아니라, 지금부터 부자의 삶을 생생히 느끼고 생각하며 행동하는, 내가 살고자 하는 삶을 이루어진 관점에서 생생히 느끼면서 행동하는 것이다. 하느님이 주신 능력의 삶을 살며 하고 싶은 다양한 취미 활동을 누리는 것이다. 그렇게 내가 지구별에 온 삶의 목적인 창조의 능력을 더 많이 경험하고 이루는 것이다. 여태 애쓰며 살았는가? 그래서 부유한 삶을 누리는가? 지금 몸도 마음도 행복한가? 애쓰지 않고 즐겁게 사는 법을 선택해야 한다. 하느님이 주신 우리의 능력을 찾아야 한다. 그리고 진리의 삶을 살아야 한다. 하기 싫은 일을 억지로 하면서 사는 것은 죄이다. 열심히 하고 또 하고 그러고도 가난한 것도 죄이다. 그렇게 나는 내가 하고 싶은 일에 집중하고 있다. 내가 진정으로 하고 싶은 일을 향해 나의 온 마음과 생각은 집중되고 있다. 코로나로 어수선한 시국에도 마음은 더 행복하다. 꿈꾸는 일을 해나가는 시간은 즐거움으로 넘친다. 나는 그동안의 나의 경험과 노하우, 삶의 지혜로 사람들에게 메신저로 다가가고 싶다. 동기부여가로 함께 하는 삶을 사는 것이다. 하느님의 법칙을 먼저 실천하며 이루는 진리의 삶을 사는 것이다. 이것이 내가 하고 싶은 일이고 무엇보다 이 일이 먼저이다.

상상의 힘으로 내가 원하는 모든 환경을 바꿀 수 있음을 믿고 있다. 그리고 내가 삶을 살아가는 진정한 목적을 깨닫게 된다. 이제 내 인생, 진리의 삶을 살아가는 정확한 방향성을 찾았다. 그리고 내가 하고 싶고 갖고 싶고 되고 싶은 것을 이루어간다. 상상의 힘을 믿고 결말에서부터 이루어내는 삶, 내가 하고 싶은 것을 먼저 하는 게 내 삶의 우선순위이다.

당신도 하고 싶은 것을 하며 이루어내는 삶을 살기를 바란다.

4
.
.
.

뭐든 제대로
미쳐보기

나는 30년에 가까운 시간을 열심히 배우고 꿈을 이루기 위해 노력했다. 그런데도 몸은 하나라 다양한 일들을 못 해봤다. 내가 할 수 있는 몇 가지를 하느라 시간은 훅 지나갔고 나는 어느덧 중년이다. 실감 나지 않는다. '아니 내가 중년이라니!' 받아들이기 힘들다. 그럼에도 받아들여야 한다. 그리고 나는 나에게 "인생 후반부를 의미 있게 살라"고 말해준다.

청춘의 시간은 빠르게 흘러간다. 그동안 열심히 살아온 나는 이제 온전히 내가 하고 싶은 일에 미쳐보고 싶다. 미국의 전 국무장관 매들린 올브라이트는 가난한 유대인 집안에서 태어나 미국의 무 시민권자로 외국인으로 산다. 웰즐리대학의 대학생이었던 매들린은 조 올브라이트와 결혼한다. 그리고 23년째 되던 해 남편의 요구로 이혼의 쓴맛을 본다. 그렇게 사십 대의 늦은 나이에 온전히 자신만의 삶을 위한 도전을 한다. 그녀는 10년간의 치열한 공부로 정치학 박사학위를 취득하고 정치에 입문한다.

"제 상황에서 원대한 목표를 품는 것은 불가능했어요. 다만 매 순간 그저 열심히 살아보자는 마음뿐이었지요. 이른 결혼도 남편과의 이혼도 그리고 정치에 뛰어든 것도 우연일 수 있지만, 그 모든 우연은 축적된 필연의 결과가 아닐까 생각합니다."

그녀는 늦깎이로 정치에 입문하여 국무장관까지 할 수 있었던 비결을 이렇게 표현했다. 그녀는 유엔대사로 4년간을 재직하고 미국 상원의 만장일치 결의로 국무장관을 역임한다. 그녀가 현실이 힘들다고 꿈을 포기했다면, 현실에 안주하고 도전하지 않았다면 그녀의 성공은 없었을 것이다. 우연한 기회에 성공은 찾아온다. 그리고 찾아온 기회와 성공을 잡기 위해서는 미리 준비해야 한다. 현실이 답답하고 미래가 막막하다면 더 준비해야 한다. 보이지 않는 미래에 대한 즐겁고 행복한 상상으로 도전해야 한다. 목표를 가지고 도전한다면 어느 순간 이루어진 나의 미래는 내 옆에 와 있을 것이다.

베스트셀러『익숙한 것과의 결별』,『그대, 스스로를 고용하라』등의 저자 구본형 소장은 20년간 한국 IBM에서 경영혁신 실무를 담당했다. 그리고 그 경험을 바탕으로 1인 기업 분야에서 대한민국 최고 전문가로 변신에 성공했다. 그는 기업의 CEO들이 뽑은 최고의 변화경영 이론가이며 직장인이 가장 만나고 싶어 하는 강연가 1순위에 꼽히는 성공을 이뤄냈다. 그는 한국 IBM의 경영혁신팀장의 직함을 가진 샐러리맨에서 자신의 경험과 지혜를 담은『익숙한 것과의 결별』책을 출간하며 자신을 퍼스널브랜딩하며, 그의 인생은 완전히 달라졌다. 그는 자신의 현실에 안주하지 않고 스스로 자신이 진정 무엇을 원하는지 고민하였다. 자신이 잘 아는 분야와 자신의 절실한 문제를 생각하고 꿈을 위해 시간을 투자하고 실천해 냈다. 그는 20년간 평범하게 시간을 보내던 직장인에서 새벽 2시간을 활용해 책을 쓴 후 성공적 인생을 맞이했다.

미국 전 국무장관 매들린 올브라이트와 구본형 소장 등 비범한 사람들은 태어나는 것이 아니라 만들어진다는 것이다. 이들은 인생 후반부에 자신의 꿈에 도전하여 원하는 삶을 살아가는 행동가이다.

나는 이십 대 때는 미용을 배우고 잘해내기 위한 꿈에 빠져 지냈다. 어릴 때 우리 집이 부유하진 못했기에 앞으로의 내 인생을 위해 기술을 배우기로 마음먹었던 것이다. 나의 이십대는 대인관계나 친구들과 교류하고 소통을 하지 않은 채 단절된 나만의 시간을 보냈다. 관계에 대한 필요성도 의미도 모르고 빠르게 지나갔다. 오로지 내 꿈을 향한 시간만이 존재했다. 삼십 대, 사십 대 때의 나는 가장의 책임을 안고 프랜차이즈 미용실을 오픈하고 성공적으로 자리 잡기 위해 젊음을 불살랐다. 세상의 다양한 즐거운 일들을 뒤로 미루고 오로지 일에서 보람과 즐거움을 찾기 위해 고군분투했다. 그리고 성과를 만들고 거기에 빠졌던 것 같다. 그리고 큰 아픔을 겪고 극복하면서 삶의 여유를 찾고자 노력했다.

나를 돌아보면 고등학생 때부터 내 인생의 갈 길을 부지런히 찾아 좇았다. 내가 그 길이라고 생각한 길이 있다면 거의 다른 것은 별로 눈길을 주지 않고 그 길만을 향해 달려온 것이다. 그리고 그 길에 작든 크든 성취를 해냈었다. 사십 중반을 넘어 몇 년 전부터는 채워지지 않는 만족감이 있었다. 그리고 내적으로 무엇인가를 찾게 되고 갈망하게 되었다. 그렇게 내가 찾고자 하는 것을 찾기 위해 책을 읽었다. 내가 정말 원하는 것을 하고 싶은 충동을 느꼈다. 그리고 아주 쉽고 간단한 믿음만으로 내가 이루고자 하는 것을 이루는 법을 알았다. 모든 비법을 내가 읽은 책들이 말해준다.

미국 유명 칼럼 리스트 마크 마이어스는 운 좋은 사람을 만드는 아주 사소한 습관들에서 말한다.

"행운은 당신 스스로 만드는 것이다. 꿈에 그리던 그 사람을 만나서 사랑하고 결혼하고 싶다면 매일 시간을 내서 마음속으로 영화를 상영하라. 당신이 원하는 그 사람을 이미 얻은 장면을 담은 영화 말이다."

이것은 모든 것에 적용된다.

"이런 식으로 자신의 모습을 상상하는 것이 좀 바보 같아 보일지도 모른다. 하지만 이렇게 상상하다 보면 결국 당신이 원하는 것을 차지하게 된다."

자기가 원하는 것을 이루어 행복해하는 광경을 생생하게 꿈꾸면 진짜 그런 일이 생긴다는 것이다.

나폴레옹 힐은 1883년 미국 버지니아주 남서부의 외딴 산골마을에서 태어났다. 극심하게 가난하게 태어난 힐은 아홉 살 때 어머니를 여의고 그에게 영감을 불어넣어주는 새어머니를 만나게 된다. 새어머니는 늘 힐에게 "너는 역사에 이름을 남길 위대한 작가가 될 것이다."라고 말했다. 1908년, 나폴레옹 힐에게 자신의 운명을 바꿀 앤드류 카네기와의 기적 같은 만남이 이뤄지고, 카네기의 제안으로 개인의 성공철학을 세계 최초로 체계화하는 책을 집필했다. 그렇게 그는 헨리 포드, 토머스 에디슨,

존 록펠러 등 당시의 거물들을 만났고, 이후 20년 동안 500여 명의 성공한 사람과 수만 명의 실패자를 인터뷰하고 연구한 저서로 세계적으로 수천만 부가 팔리는 자기 계발 분야의 베스트셀러의 자리를 지키고 있다.

어느덧, 2019년도 저물고 2020년 새해가 밝았다. 해마다 새해에는 새 각오로 멋진 한 해를 이루기 위해 해돋이를 한다. 그렇게 새해를 누구보다 빠르게 맞이하고 싶어 해운대 바닷가로 나섰다. 생각보다 포근한 아침, 해운대 초고층 아파트들의 눈부신 자태를 뒤로하고 온통 동해 수평선에 시선을 고정한다. 수평선 끝자락 서서히 떠오르는 붉은 태양을 보며 내 꿈을 간절히 기도해본다.

"정말 내가 원하는 빛나는 삶을 살고 싶다."
"시간적, 경제적 자유를 누리는 삶을 희망한다."

그리고 내 꿈을 이루기 위한 나의 간절한 소망은 즉각적으로 시작된다. 내가 꿈꾸는 길의 실마리를 찾는다. 나를 퍼스널브랜딩 하는 첫 단추로 책 쓰기에 도전한다. 이제 내가 제대로 미쳐보기로 한 길의 시작점이다. 너무 흥분되고 기쁘다. 내가 소망하는 길의 시작은 원하는 내 모습을 생생하게 느끼는 또 다른 나로 제대로 미쳐보는 것이다.

성공한 사업가이자 미국의 힙합 가수, 제이지

성공한 사업가로 손꼽히는 미국의 힙합 가수 제이지, 지금은 세계적 팝스타 비욘세의 남편으로 잘 알려져 있다. 그는 어린 시절 아버지에게 버림 받고 홀어머니 밑에서 자랐다. 고등학교를 중퇴한 그는 한때 길거리에서 마약을 팔다 총에 맞기도 했다. 그는 마약에 손을 대며 방황을 거듭했으나 자신을 마약보다 더 흥분시키고 쾌감을 느끼게 하는 음악에 열정을 쏟았다. 제이지는 "음악은 나의 꿈이었죠. 아티스트로 가장 중요한 것은 최고를 보여주는 것입니다. 그게 나의 궁극적 목표입니다."라고 말한다. 그는 탁월한 음악 실력과 사업적 기질로 힘든 생활에도 포기하지 않고 열정적으로 자신만의 브랜드를 만들어 억만장자로 성공한다. 그리고 누구보다 행복한 삶을 살아가고 있다. 음악은 그의 구세주였던 것이다.

5
.
.
.

여왕의
삶을 살아가라

　오랫동안 열심히 또 열심히 일했다. 그리고 그날도 열심히 일하고 나는 언니에게 푸념한다.

"언니야, 도대체 내가 뭐 하는 건지 싶어."

"나는 분명 여왕개미로 살기로 희망했는데……."

"도대체 이건 뭐지."

"이건 완전 일개미잖아!"

"아~. 미치겠네."

"이건 완전 내가 원한 길이 아니야!"

나의 뜬금없고 진지한 푸념에 언니는 배꼽을 잡고 웃는다. 나는 내가 계속 생각했던 게 방향성을 잃고 자꾸 생각지도 않은 다른 방향으로 가는 게 안타까워 한 얘기인데 언니는 전혀 생각지도 않은 얘기를 나에게 들어서 웃음보가 터진 모양이었다. 그리고 언니는 또 다른 언니에게 그 얘기를 하면서 키득거렸다. 그리고는 언니가 생각해낸 나를 위로하는 말을 해준다.

"그래 경화야, 넌 여왕개미로 살어~."
"언니들이 일개미 할게!"
"알겠지~. 그렇게 해~."

그렇게 언니는 내게 진심인지 위로인지, 황당한 내 말에 한참 후에 그렇게 말해주었다. 그리고 우리는 열심히 일하고 있는 현재를 생각하며 웃으며 달랬다. 사실 그때 매장관리 위주로 계속 일하던 나는 앞으로 더 안정된 삶을 살 것이라고 생각했었다. 그런데 그것은 대단한 착각이었다. 갈수록 매장관리는 만만치 않아지고 내가 해야 할 일이 늘어나게 되면서 힘든 마음에 혼자 생각했던 그 얘기를 꺼냈던 것이었다. 그때 이후 시간이 벌써 많이 지났다. 그리고 지금은 생각한다. 여왕의 삶을 산다는 것은 나를 사랑하는 것에서부터 시작한다는 것을. 그리고 원하는 삶을 살 수 있는 지혜를 발휘해야 할 것이다. 살면서 다양한 경험을 하지만 늘 긍정적인 경험만 할 수 있는 것이 아니다. 그럼에도 행복한 일을 하면서 자존감을 높여야겠다. 때로는 단호하게 선을 긋고 스스로 흔들리지 않도록 감정을 통제하자. 자존심을 세우지 말고 자존감을 키워 우아한 나로 살아가자. 살다 보면 때로는 내가 생각하는 나와 다른 평가를 받는다. 나는 이십 대 때부터 "냉정하다. 이기적으로 보인다. 도도하게 보인다."라는 얘기를 많이 들었다. 언니들과 가까이 있는 동료에게 그런 얘기를 들었던 것이다.

나는 내가 어떤 분위기를 내는지 전혀 몰랐다. 여러 가지로 부족하다 보니 나를 이미지 메이킹할 줄 몰랐다. 지금 생각해보면 내가 그렇게 보였다는 것은 내 속내를 남에게 말하기 꺼려했기 때문일 것이다. 그리고 내가 서비스마인드가 부족했던 것도 이유가 있다. 나는 미용업이 서비스업인줄 몰랐다. 그냥 단순이 기술직, 전문직인줄만 알았던 것이다. 거기다 서비스를 받아본 경험이 없어서 '서비스 마인드'는 물론 더 없었다. 서비스업은 항상 미소 짓는 얼굴로 친절하게 접객을 해야 하는데, 나는 마음에서 우러나오는 그런 서비스정신은 없었던 것 같다. 어려서 많이 몰랐던 것 같다. 그게 그대로 표정과 몸짓으로 드러났던 것 같다. 그렇게 나를 잘 표현하지 못했던 나는 착하고 온순한 내면과 다르게 겉으로는 그런 이미지를 풍긴 것이다.

20대 초반 나는 스스로 부족함을 많이 느꼈다. 약간 덤벙대는 나에게 좀 더 차분한 모습을 주문했다. 차분하게 일하고 현명하게 대처해나가는 사람이기를 바랐다. 신기하게 그렇게 나 자신을 생각하고 주문했더니, 특별한 노력 없이 어느 순간부터 예전과는 다르게 조금 더 차분한 모습의 나를 갖추었던 것 같다. 아마 나도 모르게 의식을 한 효과였던 것이다. 나는 그동안 오랫동안 내려온 세상의 관습과 관념대로 살아왔다. 우리의 관습이 알려준 '열심히 일해야 한다.'라는 말을 따랐다. '착하게 살아야 한다.' 그래서 항상 착하게 살려 노력했다. '나태해지면 안 된다. 부지런해져야 한다.' 그래서 부지런하려 노력했다. 그 외에도 너무 많은 관습에 따랐고, 노력했다. 그리고 큰 욕심을 안 부리고, 그냥 살아가고 있는 것 같다. 이제는 몸으로 하는 일의 한계를 느낀다. 그렇게 몇 해 전부터 일에서의 만족감은 뚝 떨어졌다. 채워지지 않는 만족감으로 또 다른 삶을 갈망하게 된다. 항상 비슷한 상태에 머물거나 아니면 오히려 퇴보하는 모습에서 변화의 필요성을 느낀다.

나는 이제 이 모든 관습을 벗고, 계속 생각해오던 꿈꾸는 삶을 살아가는 법을 찾아간다. 여태 내가 살아온 길과는 다른 새로운 도전을 한다. 내가 원하는 삶을 살기로 한다. 그렇게 일상에서 채워지지 않는 갈증을 책과 함께 이루어가는 길을 찾았다. 내가 읽는 책에서 삶의 빛이 보이고, 영혼이 울림을 느낀다. 내가 앞으로 여왕으로 살아갈 수 있는 꿈의 원동력이 되어준다.

김도사의 저서 『100억 부자의 생각의 비밀』을 만난다. 김도사는 숱한 시련에 처한다. 그리고 가족의 고통을 경험하고 악착같이 살아서 꿈을 이루어 성공하는 길을 갈망한다. 그리고 좌절과 절망, 여러 번의 죽을 고비의 힘든 과정에서 하느님의 은혜로움을 느낀다. 그렇게 모든 시련은 변형된 축복임을 깨닫는다.

그 힘든 고통의 알에서 깨어나는 과정에서 하느님의 무한한 사랑을 깨달은 것이다. 그리고 김도사는 사람들의 의식과 영적 성장을 이끄는 마음의 법칙과 상상의 힘, 성경의 원리를 깨닫고 사람들과 나누는 삶을 살아가고 있다. 우리가 상상하는 모든 것은 실현된다는 진리를 직접 경험하고 인생의 경험과 지혜를 다른 사람들과 나누는 진리의 삶을 살고 있다. 그리고 김도사 님을 통해 형이상학자 네빌 고다드를 만난다.

네빌 고다드는 형이상학자이며 강연가로 1930년대에 끌어당김의 법칙을 강연한다. 그는 젊은 시절 댄서로 일을 하다 우연히 책을 통해 형이상학을 접한다. 그리고 에티오피아 랍비인 압둘라를 만나 '상상이 현실을 창조한다.'라는 법칙을 경험하고 깨닫게 된다. 그리고 1959년경 3년 반이 넘는 기간 동안 우리 존재의 진짜 목적에 대한 경험을 하고 약속을 성취하는 것을 강연한다. 약속을 경험하지 못한 채 죽음을 겪게 된다면 자신의 과업을 가장 잘 성취할 수 있는 장소를 골라, 다시 태어나고 죽고를 반복한다고 한다. 잠재의식을 일깨워 상상력으로 이루어가는 삶을 살아야 한다.

블레이크도 말한다.

"상상력! 그것은 진실하고 영원한 세계이다. 우리가 살고 있는 이 단조로운 세계는 단지 흐릿한 그림자일 뿐이다."

아인슈타인은 "상상력이 지식보다 더 중요하다."라고 한다. 결국 모든 현인들은 하나로 통한다. 발명왕 에디슨, 철강왕 카네기, 전쟁영웅 나폴레옹, 만류인력의 뉴턴 등 역사적으로 위대한 업적을 남긴 사람들 역시 잠재의식을 이용해 원하는 모든 것을 얻고 원하는 인생을 살았다.

인간의 상상력은 하느님이 주신 창조의 능력으로 삶을 살아가는 것이다. 이 모든 삶의 비밀을 차근차근 실행해나가는 것이 내가 깨달은 삶을 사는 것이다. 형이상학자, 성공학자, 부를 이룬 성공한 사람, 위대한 업적을 남긴 이들의 말에 귀 기울여 실천하고 행하며 살기를 선언한다.

나는 그들과 함께 드디어 우아한 여왕의 삶을 살기로 했다. 나의 꿈을 생생하게 느끼며 이루어진 결말에서부터 믿음으로 걸어간다. 이제 나는 이루어낸 꿈을 꾸는 삶을 살아간다.

이제 나를 비추는 거울에는 우아한 미소를 띤 채 행복과 기품이 넘치는 여왕이 책을 보고 있는 모습이 비친다.

6
.
.
.

지금 내가
진정 원하는 것은

나는 사랑이 넘치는 삶을 살고 싶다. 사랑이 넘치는 마음으로 세상의 아름다움과 풍요를 누리는 것이다. 나는 그동안 싱글로 살면서 내 안의 결핍이 무엇을 간절히 원하는 것인지 몰랐다. 그것은 아마 넘치는 사랑으로 소통하며, 사랑하는 마음을 나누는 것이다. 그리고 모든 이들과 함께 나의 사랑스러운 마음과 풍요로운 충만함과 기쁨, 행복을 나누는 삶을 사는 것이다.

나는 그동안 열심히 살아왔지만 크게 고생하거나 힘들었다고는 생각하지 않는다. 물론 나도 제대로 쉬지도 못하고 열심히 한결같은 노력을 하며 살았다.

뒤처질까 봐 쉬지도 않고 더 없이 노력했다. 그리고 운 좋게 소소한 일상에서 성취와 행복함을 느끼며 살았다. 항상 긍정적인 생각으로 살려고 노력하다 보니 특별히 우울하거나 심하게 힘들어 하지는 않은 것 같다. 다들 겪는 어려움 정도로 여겼다. 그러니 쉽게 일어설 수 있었다. 그리고 더 이상 소소한 즐거움보다는 큰 비전을 갖고 인생을 리셋해야 함을 느낀다. 그동안 살아오면서 하던 일에 안주하고 변화를 추구하지 못했다. 이제는 또 다른 생생한 흥분과 기쁨을 맛보기 위해 새로운 도전하기를 원한다. 사랑이 넘치는 가슴을 안고.

하느님이 주신 나의 무한한 가능성을 실천하는 것이다. 세상은 다양한 행복과 삶, 일이 존재한다. 결코 한 가지 일만 추구할 필요가 없다고 생각한다. 우리는 도전하는 아름다움과 새로운 시도에서 오는 즐거움 희열을 맛볼 자격이 충분하다. 그리고 그 대가도 충분히 받을 권리가 있다.

모든 것에는 길이 있다고 본다. 눈을 감고 나의 내면이 무엇을 원하는지 알아갈 필요가 있다. 진정 내가 원하는 것이 무엇인지 본연의 나와 함께 느낄 필요가 있다. 나는 오랫동안 나의 내면과 소통한 결과 혼자서 하는 일에 관심이 많아졌다. 그동안 오랜 기간을 여러 명이 함께 하면서 즐겁게 일한 결과 보람과 기쁨을 느꼈다. 그러니 이제는 온전한 나 혼자서 할 수 있는 것에 많은 관심이 간다. 혼자서 이루어가는 기쁨과 충만함을 느끼고 싶다. 그리고 혼자 명상의 시간을 많이 갖고자 한다. 아주 깊이 나의 내면과 소통하는 것이다. 매일 아침과 저녁을 나의 내면과 소통하는 편안한 시간을 갖는 것이다. 명상을 더 많이 공부해서 삶의 심오한 진리를 더 깊이 이해하는 것이다. 그리고 마음의 평안과 함께 자유가 주는 행복을 누리는 삶을 사는 것이다. 깊은 명상과 함께 마음을 다스리고 우주를 느끼는 것이다. 명상과 함께 의식을 더 크게 확장해나가는 것이다. 우리는 살면서 다양하고 많은 것을 소유하고 싶어 한다. 그러나 정작 내가 무엇을 하고 싶은지는 깊이 생각하지 않는 것 같다. 주위의 많은 사람들이 꿈이 없이 일상의 쾌락과 즐거움에 빠져 지내는 것을 많이 본다. 가치 있는 삶을 살기 위한 꿈은 대단히 중요하다. 우물쭈물 허송세월 보내기를 희망하지 않는다면.

지나온 시간을 보면 소소한 꿈도 특별한 존재인 우리가 살아가는 목표로는 부족함을 느낀다. 우리는 더 큰 꿈을 꾸어야 한다. 우리는 하느님이 우리에게 창조의 능력을 주었고 그 창조력으로 꿈꾸는 모든 것을 이룰 수가 있다. 저 멋진 건물을 보라. 저 건물은 하느님이 만든 것이 아니다. 인간인 우리가 상상으로 만들어낸 것이다. 비행기는 어떤가. 큰 크루즈 선은 어떤가. 자동차는 어떤가. 요즘은 로봇까지. 우리는 상상으로 모든 것을 만들어내고 있다.

내가 상상하는 만큼 만드는 것이다. 내가 작은 것을 상상한다면 작은 것을 만들어 낼 것이다. 내가 큰 꿈을 꾸고 상상한다면 그 또한 이루어질 것이다. 그 과정에서 실패의 시련이 있을 수도 있다. 하지만 시련은 성공으로 가는 길목일 뿐이다. 허황된 큰 꿈을 꾸라고 부추기는 것은 아니다. 단지 아무 꿈 없이 그냥 살아가는 나는 시간이 흐른 후 어떨 것 같은가. 그냥 아무것도 아닌 존재로 남을 것이다. 나는 혼자 꿈꾸기보다 함께 꿈꾸기를 희망한다. 내가 어릴 때 알지 못해 놓쳤던 나의 큰 이상을 지금, 예전의 나처럼 미처 깨닫지 못하는 이들과 함께 큰 꿈을 꾸어 우리 모두 특별한 존재로 살아가기를 얘기하는 것이다.

또 내가 진정 원하는 것은 내가 하고 싶은 것을 다 하는 것이다. 진정 내가 하고 싶은 것을 다 한다는 것은 정말 멋진 일이 될 것이다. 하느님의 에너지인 우리는 특별한 존재이기 때문에 충분히 가능하다. 삶을 다양한 경험으로 즐기는 것이다. 그리고 그동안 내가 경험한 것을 나누고 나의 경험에서 발휘되는 삶의 지혜를 필요로 하는 사람들과 나누는 것이다. 나는 어릴 때 나를 이끌어주는 멘토가 있었다면 지금 더 내적, 외적으로 더 풍요로운 시간과 삶을 보내지 않았을까 한다.

나도 가족이 남들보다 엄청 많았지만 각자 살기 바빠 나의 사춘기나 20대에 별로 도움이 안 되었던 것 같다. 나의 경험을 살려 누군가 나의 도움이 필요하다면 함께 하는 삶을 사는 것이다. 아마 여전히 예전의 나처럼 방황하는 젊음은 넘치고 있을 것이다. 길을 헤매는 사람은 분명 있을 것이다.

  우리는 지금 못한 것은 '다음에 하면 된다.' 생각한다. 하지만 미루지 않고 지금 했을 때 더 풍요로운 삶을 살 수 있다는 것도 알아야 한다. 깨어 있는 사고로 10대 때, 20대 때 큰 꿈에 도전하는 것과 그냥저냥 하루하루 삶에 치여 바쁘게 살다 50대, 60대에 삶의 진리를 깨닫고 꿈에 도전하는 것은 어떤가. 그 어떤 차이가 분명 있을 것이다. 물론 꿈꾸기에 늦은 나이는 없다. 그래서 늦다 싶어도 충분히 도전하는 것은 아름답다. 그런데도 이른 나이, 어릴 때 도전하고 더 많은 시간을 하느님이 주신 풍요롭고 의미 있는 진리의 삶을 살게 된다면 어마어마할 것이다. 한 살이라도 어릴 때 내 꿈을 찾고 내가 추구하는 삶은 무엇인지. 나만의 삶의 가치를 찾는 것이다.

  나는 자기 존재의 특별함을 모르는 알에 갇혀 있는 많은 친구, 나보다 어린 젊은이들이 알에서 깨어 나올 수 있게 도와주기를 희망하는 것이다. 오직 공부하느라, 시험 성적을 잘 받기 위해 서로 경쟁하느라, 아니면 공부도 못하고 잘하는 게 없어서 희망을 갖는 것 조차 포기했거나, 집이 가난해 꿈을 포기했거나, 현실에 지쳐 꿈꾸지 못하는 친구들이 있다면 함께 꿈꾸기를 이루어가는 것이다. 팔, 다리 없이 전 세계를 누비는 희망전도사 닉 부이치치의 감동 스토리는 누구나 알 것이다. 그는 신체적 장애로 인한 아픔과 절망 그리고 많은 좌절을 뛰어넘어 행복의 삶을 사는 행복 전도사로 많은 사람에게 감동을 준다. 그도 자신의 삶을 하느님이 주신 의미 있는 삶으로 받아들이고 아주 특별한 삶을 살아간다. 닉 부이치치 또한 우리가 하느님이 주신 특별한 존재임을 증명한 삶을 사는 것이다. 우리는 자신을 있는 그대로의 나를 사랑하는 용기, 그리고 우리의 무한한 가능성, 하느님이 주신 상상으로 만들어내는 큰 꿈이 이루어진 느낌을 생생히 펼치는 믿음으로 걸어가야 한다. 우리에게는 어떠한 한계도 없음을 닉 부이치치는 자신의 삶으로 메시지를 전한다.

이제 진정 내가 원하는 것은 명상과 운동으로 몸도 내면도 건강하게 관리하는 것이다. 그리고 의식을 확장해 내 안의 나와 더 많은 소통을 하며 그동안의 나의 경험과 삶의 지혜를 나누는 것이다. 모든 이가 특별한 존재로 특별하게 살아갈 수 있게 동기를 부여하고 메시지를 주는 삶을 사는 것이다. 이 아름다운 세상을 다 함께 천국으로 누리는 삶을 살게 돕는 것이다.

당신도 함께 꿈꾸며 평온과 행복을 누리자. 진정 원하는 내 인생을 위하여~.

7

.

.

.

나는 나를 위해
살기로 했다

느닷없는 바이러스의 출현은 우리들의 일상을 흔든다. 사람들의 소소한 일상 속 평안함과 즐거움을 그립게 만들었다. 한때 세상은 왠지 불공평한 것 같다고 느껴졌다. 누구는 계속 아침부터 늦게까지 일에 묻혀 있는데, 누군가는 이 아름다운 세상을 온전히 즐기는 듯했다. 누구는 못 누리고 누구는 누리는 듯한 느낌에서 오는 불편함이 있었다.

그 마음을 하느님이 아셨는지, 어느 순간 세계는 공평하게 다들 제대로 못 누리는 멈춤의 시기를 맞이했다. 세계가 걷잡을 수 없는 바이러스 확산으로 즐기는 걸 멈추고 움직임을 자제하라고 경고한다. 엄청난 후폭풍 바이러스가 출몰했다. 지금의 혼란은 하루아침에 예전으로 돌아갈 것 같지 않다.

바이러스 감염을 최소화하기 위해 생각보다 긴 시간을 격리하고 중단함으로 누군가만 어려운 것이 아니라 모두 다 힘들고 곤란해지는 공평한 시간이 되었다. 그리고 이 혼란은 예전으로 돌아가려면 꽤 많은 시간이 걸릴 것 같다.

이제 우리가 살아가는 삶의 시스템도 여태까지와는 다른 패러다임의 시작인 것 같다. 오늘은 월요일이다. 예년 같으면 퇴근 차량으로 도로는 막힐 시간대이다. 그러나 저녁 6시경 4차선 도로는 한산하다. 불과 몇 개월 전의 출퇴근시간 교통 체증은 찾아볼 수 없다.

오늘 인터넷에 뜬 영상 중 재미난 게 있었다. 코로나로 사람들이 텅 빈 이탈리아 마을에 양떼가 온 마을을 누비고 다니는 영상이다. 아주 자유롭게. 그리고 양들은 사람이 없는 놀이터의 놀이기구를 타고 즐기는 것이다. 그 글의 댓글엔 아주 재미난 글이 있다. 사람들이 텅 빈 거리를 동물들이 거리로 나와 즐기는 영상의 댓글엔 지금 세상의 바이러스는 사람이고 코로나는 치료제라는 것이다.

"푸하하!"

아주 웃기고도, 슬픈 말이다. 그 댓글에 전적으로 동의한다. 인간이 지구를 오염시키는 주원인이다. 지금 우리의 무분별한 개발은 환경오염을 불러왔고, 지구로부터 역습을 당하는 이유가 됐다. 다시 우리는 순수한 마음을 가져야 할 것 같다. 자연과 인간이 함께 공존하는, 환경파괴 없이 순수한 인간으로 살아가야 할 것 같다. 환경을 보호할 수 있는 개발은 불가능한 것 일까? 더 이상의 지구를, 우리의 삶을 파괴하는 일은 없기를 바란다.

이제 나는 어떻게 누리며 즐기는 삶을 살 것인가를 내 과제로 정하고 해나가기로 한다. 그렇게 나는 나를 위해 살 것이다. 열심히 한 당신! 인생을 즐겨라~. 나는 과거의 나와 결별해 나의 의식을 확장해서 온전히 나를 위한 삶을 살기로 한다. 모든 것은 나를 중심으로 재편하는 것이다. 곰곰이 생각해보면, 그전에 나는 일 중심으로 계획되고 이루어졌던 것 같다. 이제 이 세상의 기준은 나로부터 이루어짐을 알고 일이 아닌 나를 위해 살기로 다짐한다. 그렇게 하나 둘 내가 중심이 되는 시스템으로 하나씩 재정비되는 것이다. 아마 내 주위는 멋지고 좋은 영향력을 가지는 환경이 될 것 같다. 아주 기분 좋은 느낌이 든다. 나는 나를 위해 사는 것이다. 함께도 좋고 가족을 위해서도 좋다. 하지만 나를 제일 위에 올려놓고 살아간다면 정말 신나고, 에너지가 넘칠 것이다.

나는 오랫동안 내 자리를 지키며 잘 해왔다. 그리고 이제 나를 위한 내가 중심이 되는 시스템이라면 더 좋은 에너지로 활기찬 일상이 될 것이다. 그렇게 나에게 주문한다. 내가 중심인 부자의 기분을 생생하게 느끼라고 주문한다. 세상은 나를 중심으로 돌아가고 있음을 생생히 느끼는 것이다.

나는 나를 위해 작가가 되기를 선언했다. 나의 꿈을 기록한 나의 버킷리스트를 작성한 책을 공동 저서로 썼다. 책을 쓰는 일은 쉽지는 않다. 하지만 못할 것도 없다. 부족한 부분은 하나하나 배워가며 해나가면 된다. '시작이 반'이라 도전하는 데서 흥분과 열정의 에너지가 넘친다. 책을 쓴다는 것은 엄청난 것 같다. 내가 생각하는 것을 글로 표현해낼 수 있다는 게 얼마나 멋진 일인가. 올해 나는 우연히 찾아온 기회로 작가의 길을 들어섰다.

'와우~!!!! 감사합니다.'

내가 책을 쓰기로 한 것은 책을 읽고 감동받는 독자이기만을 거부하는 것이다. 책을 읽고 감동받는 것도 정말 좋다. 하지만 뭔가 부족하다. 책을 쓴다는 것은 나도, 나의 경험과 삶의 지혜를 나누는 감동을 직접 행하는 것이다.

내가 살아오면서 겪은 결혼과 이혼으로 힘들었던 과거, 힘들 때 생겨난 암을 수술과 항암으로 극복했던 일 등을 나누고 소통하는 삶을 이루는 것이다. 그렇게 책을 쓰며 나를 돌아본다는 것은 나에게 또 다른 상처가 될 수도 치유가 될 수도 있다. 하지만 과거는 과거일 뿐이다. 책 쓰는 과정을 온전히 치유의 시간으로 갖는 것은 내 몫이다. 눈부신 미래만 있을 뿐이다. 돌이켜보고 글을 쓰면서 눈물 흘리고 치유하는 것이다. 힘들고 애썼던 나를 치유해나가는 것이다. 인생의 정답은 없다. 내 꿈을 향한 행복의 시간과 사랑만이 있을 뿐이다.

나는 나를 위해 1인 창업가가 되기로 했다. 나의 버킷리스트에는 1인 창업가가 되어 시간적, 경제적 자유를 누리는 것이다. 나는 30년 가까이 지금 일을 하면서 20년은 오너로 여러 명의 동료와 일했다. 참 운이 좋았다. 20년간 한 곳에서 매장을 한다는 게 결코 쉬운 일이 아니다. 그것도 나 혼자 하는 일이 아니기 때문에 더 어렵다. 우리는 많은 사람을 대하는 일이며 많은 사람들과 함께 하는 일을 한다. 그동안 우리 매장을 거쳐 간 수많은 스타일리스트와 새로운 매장을 오픈한 오너들이 있다. 그리고 오랫동안 헤어손질을 믿고 맡겨주신 고마운 고객들이 있다. 많은 사람과 함께 이루어낸다는 것은 결코 쉬운 일은 아니다. 하지만 운 좋은 나는 주위의 좋은 사람들과의 인연으로 20년이 넘는 시간을 잘 살아왔다. 그렇게 20대, 30대의 꽃다운 청춘은 50대로 접어드는 꽃중년을 향하고 있다. 감사하게도 삶을 살아가는 데서 가장 중요한 인덕이 많은 삶을 살아왔다. 그리고 또 새로운 꿈 하나가 1인 창업가로서 시간적, 경제적 자유를 갖는 것이다. 이제 제대로 내 관리를 하는 일을 해보고 싶다. 그동안 함께하는 즐거움이 컸지만, 요즘은 퍼스널 브랜딩의 시대이니 내가 가진 새로운 꿈에 의미가 있다고 본다.

나는 1인 창업가로 나의 경험과 삶의 지혜를 나누는 일을 할 것이다. 그리고 더 많은 나의 시간을 가질 것이다. 온전히 나로 살아가는 길에 집중하고 싶다. 나의 지구별에서의 삶을 사는 명확한 목표를 이루는 데 집중하는 것이다. 그리고 내가 하고 싶은 것, 갖고 싶은 것, 되고 싶은 것을 하나씩 해나가는 것이다. 그중 하나는 가고 싶은, 더 많은 곳을 다니고 누려보는 것이다. 지금은 크루즈 여행을 저렴하게 제대로 즐기는 방법을 찾았다. 앞으로는 크루즈 여행으로 럭셔리한 여행을 즐기는 여유를 누릴 준비를 하고 있다. 멋진 크루즈 여행은 가족들과 함께 할 계획을 갖고 있다.

그동안 나는 관념에 사로잡혀 내가 하는 일, 내가 할 수 있는 일 등 다양한 제약을 두었다. 당연히 계속 그렇게 살다가 가야 하는가 하는 한계를 지었다. 모두 내가 갖고 있는 관념의 문제인 것이다. 이제 관념에 사로잡힌 나는 무덤으로 갔다. 새로운 나의 탄생인 것이다. 과거의 나는 없다. 꿈꾸는 나만이 있다. 내가 상상하는 모든 것은 성공확언과 감사의 말로 이루어진다. 선포와 감사함으로 이루어간다. 나는 이제 아주 홀가분하다. 가벼운 발걸음과 새로운 꿈 배낭을 메고 믿음으로 걸어 나간다. 1인 창업가로 시간적, 경제적 자유를 누리며 바쁘고 활기찬 나를 생생하게 느낀다.

나는 나를 위해 사는 것이다. 그리고 역설적으로 다 함께 더 신나는 삶, 행복한 삶을 사는 것이다.

애쓰지 않고 즐겁게, 내가 상상하는 나를 새로운 꿈 보따리와 함께 이루어진 결말에서부터 믿음으로 걸어가는 것이다.

8
.
.
.

인생 별거 없어,
즐기는 거야

사람들은 내가 살아보지 않은 삶에 대한 두려움과 동경이 있다. 그렇게 남의 인생은 좋아 보이고 멋져 보인다. 남들은 행복하게 보이고 다들 후회 없는 만족한 삶을 사는 듯싶다. 예전에 골프모임의 육십 대 언니가 하는 말이 생각난다. 자신은 자녀를 이제 다 키우고 홀가분한 상태라며 말한다. 자녀들이 어릴 때는 자녀의 공부와 성적에 집착하고 '대학은 어디가 좋은지.', '어느 대학을 보내야 할지.' 등 다양한 고민들 했었다며 말한다.

"아유, 시간이 지나 세상 좀 살아보니 대학 그런 것에 너무 집착할 필요 없어."

"애들 어릴 때는 어떻게 해서든 좋은 대학 보내고, 서울로 보내려 했는데, 지나고 나니 아무 소용 없어. 별로 큰 의미 없어."

그렇다 지금의 어린 자녀를 둔 부모들도 또 똑같이 자녀의 공부성적과 어느 학교로 갈 것인지가 큰 인생 목표이다. 하지만 그런 세월 다 지나고 나면 별 의미 없다는 것을 알게 되는 시기가 또 찾아오는 것이다.

자녀가 어릴 때는 그 최상위 몇 퍼센트의 대학에 안 들어가면 큰일날 것 같다. 최상위가 안 되면, 차상위권이라도 가기를 기원한다. 그러나 결국 비슷비슷한 실력의 고만고만한 대학을 들어갔을 때는 졸업 후 취업문제 등 모든 것에서 큰 의미가 없다는 것이다. 어느 대학이든 대학 생활을 어떻게 하느냐, 어떤 꿈을 가지고 도전하느냐가 중요하다는 것이다. 어느 대학을 가느냐가 큰 차이가 아니라고 느꼈다는 것이다.

세월이 지나면 그때 내가 알던 게 그게 다가 아님을 안다. 뭐든 해보면 별거 없는데도, 직접 자신이 겪어봐야 아는 것이다. 아무리 좋은 조언을 해도 크게 와 닿지 않는다. 우리가 살아가는 삶의 방향성이 거의 남 따라가는 인생이다. 그것도 다 성공적인 인생을 따라가는 것도 아니다.

그냥 잘 모르니까 앞선 사람의 삶의 방식을 따라가는 것이다. 그것도 아니면, 사회 통념에 맞추어 '하지 마라.', '열심히 해야 한다.', '학벌이 있어야 한다.' 등 다양한 사회적 관습과 관념을 따르는 것이다. 그렇게 살아온 우리는 이제 우리가 몰랐던, 모르고 무조건 따랐던 과거의 '무지에서 오는 오류'를 벗어나야 한다. 지금의 어른세대는 오랫동안 내려온 고정관념에 따라 열심히 일하고 가족을 위해 헌신하고, 회사에 충실하며 살았다. 그러나 그 결과는 오십 대가 되면 한창 일할 나이에 명예퇴직 등 퇴직의 굴레로 힘들어진다.

나는 30년 정도의 긴 시간 동안 미용 일을 하고, 그중 20년은 프랜차이즈 매장 오너로 일했다. 시대에 따라 2000년대와 2010년대 초에는 그나마 규모가 있는 브랜드 매장은 많지 않았고, 여러 환경이 조금씩 성장할 수 있는 분위기로 즐겁게 일할 수 있었다. 꾸준하게 일에 매진하며 일에 빠져 지내며 안정을 추구하게 되었다. 그리고 "생각대로 살지 않으면 사는 대로 생각하게 된다."라는 폴 부르제 저서의 문구처럼 큰 욕심 없이, 그리고 별 생각 없이 현실에 만족하며 살다 보니 사는 대로 생각하는 시간을 보낸 것 같다. 열심히는 하는데 이루어내는 것 없이 안주하며 사는 인생을 보낸 것이다. 몇 년 전부터 사회 분위기가 예전과 다르다. 사회적으로 퇴직자가 많아졌다. 그리고 그들은 할 게 마땅치 않자 많은 돈을 들여 인테리어를 한다. 그리고 손쉽게 할 수 있는 식당부터 치킨집 등의 자영업으로 뛰어든다. 그러다 보니 갈수록 자영업은 넘쳐난다.

온 동네마다 식당, 미용실, 술집, 고깃집, 치킨집, 병원, 카페 등 포화 상태다. 뭐든 너무 많아지면 사회는 나누어 먹기 식으로 피곤해진다. 보람도 재미도 수익도 만족스럽지 못하고 뭐 하는 짓인가 싶다. 그렇게 서로가 가격경쟁으로 이어진다. 해마다 물가는 올라가는데 수익률은 해마다 더 떨어진다. 일에서 오는 만족감과 재미도 해마다 달라진다. 그렇게 삶의 질이 떨어지는 느낌을 받으니, 일에 대한 보람도 예전 같지 않다. 그래서 지금은 순간순간을 재미나게 즐기며 일하기로 한다.

우리는 앞으로는 점점 더 어려워지는 시대를 살아가게 된다. 미래학자들은 100세 시대를 살아가는 우리에게 평생직장은 없을 것이며, 5~6번의 직업을 바꾸어야 하는 시대를 살아간다고 말한다. 예전보다 훨씬 혼란스러운 이 시대는 어떤 인생을 살아야 할지 영국의 대표지성인 존 러벅은 '함께 잘사는 것'을 목표로 삼는 것에 대한 저서 『이제 우리는 어떻게 살아야 할까』에서 말한다. "인간은 움직임 없이 정지해 있지 않다. 언제나 성장하게 되어 있다. 어떤 경우일지라도 가만히 멈춰 있는 사람은 없다."라고 한다. 그는 성장하는 인간은 '끊임없이 스스로 배우고 익히는 공부의 즐거움을 알고 있는 사람'이라 한다.

다양한 경험을 해본 나도 지금의 현실에서 한계를 느낀다. 그리고 여유 시간에 책을 즐겨보고 책에서 즐거움과 해답을 찾고 있다. 그리고 책을 통해 삶의 진리를 알아간다. 오랫동안 현업에 종사해온 나는 인생 별 것 없다는 결론에 이른다. 즐기는 인생이 정답임을 느낀다. 이제 재미있고 즐거운 인생에 초점을 맞춘 꿈에 도전하기로 한다. 그렇게 나도 책에서 삶의 지혜와 행복, 인간의 권리와 품격까지 얻는 중이다. 많은 자기계발서들은 부자가 되는 법칙, 상상으로 꿈을 이루는 법칙, 잠재의식의 법칙 등 많은 진리를 얘기하고 증명한다. 그리고 유명인들의 많은 자서전 또한 상상력과 잠재의식의 힘을 말한다. 내가 꿈꾸는 즐기는 인생도 이 모든 법칙을 적용해나가는 진리의 길로 가는 시작이다.

인생 꼭 살아봐야 아는 것이 아니다. 더 빠르게 이 진리를 깨치느냐에 따라 삶을 누리는 풍요와 행복이 달라진다. 10대, 20대에 빠르게 깨치고 인생을 제대로 즐기는 사람들도 많다. 기억하시라. '기회를 잡으라. 진리에 눈뜨라.'

『나는 희망의 증거가 되고 싶다』는 책을 낸 서진규 박사는 가발공장 여공에서 미군소령, 하버드대 박사가 된 입지전적 인물이다. 그녀는 가정폭력을 피해 미국으로 건너가 갖은 시련을 극복하고 미군에 입대하고 하버드대에서 박사학위까지 받는다. 그는 〈자유 아시아 방송〉 인터뷰에서 "큰 꿈을 꾸어라! 이왕이면 자신이 원하는 큰 꿈을 꾸었으면 좋겠다. 젊어서 고생은 사서도 한다. 우리는 태어날 때 선택의 기회 없이 태어났고,

죽는다는 사실에서도 예외가 없다. 한 번밖에 살 수 없는 인생이지만 한 번 주어진 기회를 어떻게 살다갈 것인가는 스스로 결정하는 것이다. 내 한계가 어디까지인지 탐구하면 멋지게 행복하게 살아가길 바란다."라고 말하며 그녀 스스로 끝없는 배움과 도전을 실천한다. 끊임없이 배우고 도전하는 그녀는 정말 인간의 한계에 도전하는 듯 멋지다. 그렇게 다들 자신에게 맞는 행복을 찾아가는 것 같다. 우리는 행복할 권리가 차고 넘친다. 행복은 스스로 만들어 가는 것이다. 그동안 내 인생을 너무 속박했던 것은 아닌가 싶다. 지금까지 남의 눈치를 보고 살아왔다면 남은 생은 나를 위한 삶을 사는 것이다. 여태 고정된 관습과 고정관념에서 살아왔다면 그 틀을 깨고 살아보자.

인생 별거 없다! 나 자신을 위한 삶, 심장이 뛰는 삶을 살면 최고인 것 같다. 주어진 환경을 즐기며 사는 것이다. 내가 정한 새로운 삶의 목표를 향해 도전하는 것이다. 포기하지 않는 삶을 산 사람은 풍요로운 인생을 살아간다. 인생을 즐기는 것이다. 나의 버킷리스트도 시간적 경제적 여유를 가지고 사랑하는 사람들과 하고 싶은 것, 가보고 싶은 것, 갖고 싶은 것을 하며 즐기는 것이다.

요즘은 정말 인생 별거 없다는 것을 느낀다. 지금부터 내 인생을 즐기는 것이다. 이제부터 나의 미래는 반짝반짝 빛나기로 한다.

9
.
.
.

새로운 관점에서
인생리셋하기

온통 세상이 신종 코로나바이러스 감염증으로 혼돈과 공포의 상태이다. 내 생애에 이런 영화에나 나올법한 공포의 전염병이 찾아올지 꿈에도 생각하지 못했다. 도대체 우리나라뿐 아니라, 세계를 흔들고 있는 이 공포의 감염 바이러스의 정체는 무엇일까? 그렇게 느닷없이 공포의 신종 코로나바이러스는 온 도시를 점령하고 우리들의 마음까지 점령하려 들고 있다. 왜 우리에겐 신종바이러스가 공포로 다가오는 것일까? 이 새로운 바이러스는 우리의 특별 할 것 없는 일상을 뒤흔들어놓았다. 도대체 앞으로 이 세상은 어떻게 변할까? 많은 생각에 잠기게 한다.

사실, 신종바이러스가 퍼지기 시작한 지 벌써 한 달이 넘었다. 언제쯤 우리는 따뜻한 햇살과 파릇한 봄의 설렘을 되찾을 수 있을까 싶다. 사람들로 붐비던 도시 거리는 낮인데도 휑하다 못해 적막감이 돈다. 간간이 지나다니는 사람들 모두가 마스크를 쓰고 다른 사람과 접촉될까 두려워하며 빠른 걸음을 재촉한다.

아 정말, 누가 알았겠나. 앞으로는 또 새로운 신종바이러스 발생으로 여러 감염병이 유행하는 것이라 한다. 지금 우리에게 이 사태가 공포로 다가오는 이유는 평범한 일상을 할 수가 없기 때문이다. 바이러스 확진자 한 명이 다녀간 곳은 다 폐쇄되어 소독과 방역을 해야 한다. 그리고 확진 자가 다녀간 곳에 함께 있었던 사람들은 다 감염여부 검사와 함께 자택격리 등으로 일상이 차단된다. 이러니 누구든 집밖을 나서는 걸 두려워한다. 이런 상태는 우리의 먹고사는 문제와 직결된다. 이 상태라면 생계를 어떻게 이어갈 수 있을까. 사람들은 감염 우려로 거의 아무것도 하지 못하고 있다. 직장인은 재택근무가 가능한 곳은 재택근무로 대체되었고, 학생들은 봄방학을 연장하며 개학이 계속 미뤄지고 있다. 거의 생활이 정지 상태인 것이다.

지금 내가 하는 매장도 종일 문을 열고 있어도 평일에는 열 손가락을 꼽을 만큼 적은 고객만 방문하고 있다. 이 사태가 도대체 언제 끝날까. 지금으로서는 모든 것이 부정확하다. 예고도 없이 하루아침에 그동안 이루어 왔던 일상이 무너진 것이다. 몇 년 전부터 생각한 지금 일에 대한 고민이 코로나바이러스로 빠르게 큰 문제점을 드러낼 줄 몰랐다. 이제는 심각한 현실로 고민하지 않을 수 없다.

나는 수십 년째 나름 남들이 부러워하는 프로페셔널한 직업을 갖고 있다. 바로 나의 직업은 나도 예쁘게 하고 남도 멋지고 예쁘게 해주는 마법의 손기술이 만들어내는, 한 사람을 변신 시켜주는 미용사이면서 경영자이다. 내게는 오랫동안 미용실을 하다 보니 재미난 일도 많았고, 어렵고 힘든 일도 참 많았다. 그리고 제법 규모를 갖춘 매장을 긴 시간 한 곳에서 하다 보니 그동안 많은 고객이 방문해주었고 사랑을 받았다. 그리고 우리 매장을 거쳐 간 디자이너와 인턴만도 셀 수 없이 많다. 그러면서 생겨난 많은 즐겁고 재미난 보람된 일이 있는가 하면 힘들고 어려운 문제도 많이 겪게 되었다.

나는 프랜차이즈 매장을 하면서도 최근에는 구인문제, 많은 고정비용에 따른 수익, 지출 관리 문제로 더 많은 고민을 하며 일하고 있다. 이제 주위에는 1인 숍을 비롯해 동종업종의 숍이 너무 많다. 아니 모든 업종의 자영업이 넘쳐 난다. 지금은 모든 사업이 과거처럼 열심히, 친절히, 성실히만 해서는 안 된다. SNS 마케팅부터 남들과 다른 콘텐츠가 분명 있어야만 성공할 수 있다. 그래서 누군가 오프라인 매장을 오픈하고 싶다면 말리고 싶다. 이토록 열심히 해야 할 것 같으면 임대료, 관리비, 각종 공과금 등 고정비용이 많이 드는 일은 피하라고 하고 싶다. 최근 몇 년 사이 내가 하는 일에도 많은 변화가 왔다. 오랫동안 함께 했던 후배동료의 결혼과 임신, 출산 등으로 휴직하고 숍 오픈 등으로 많이 독립했다. 그리고 이제 50대인 나도 체력적으로나 시기적으로나 자영업이 만만치 않게 느껴지는 나이가 됐다.

20대 때 나는 누구보다 열심히 배우며, 시간과 열정을 일에 투자했다. 그 시절 나는 친구랑 어울려본 기억이 거의 없을 정도로 아침 9시부터 저녁 10시까지 일하고 평일 중 하루 쉬며 일에 미쳤던 것 같다. 그렇게 열심히 청춘을 보냈다. 그럼 지금의 나는 어떤가, 그렇다면 40대 이후엔 나의 경력과 실력을 인정받으며 더 여유롭게 일할 수 있는가. 지금쯤 젊은 시절 못 누린 문화생활과 취미생활 등을 하면서 오랫동안 해온 일을 할 수 있어야 하는 거 아닌가. 이쯤 누릴 수 있는 사회보장제도는 있어야 하는 것 아닐까. 그런데 현실은 다르다. 예전보다 직원고용문제는 더 복잡해졌고, 사회보장제도는 의무만 요구되고 아직 권리를 더해주는 혜택은 없다. 그렇게 사회보장보험료의 지출만 엄청나게 늘어나있다. 사람은 기계가 아니다. 기계도 20~30년 돌리면 고장 나서 폐기처분해야 한다. 그렇다면 경력자들은 더 쉬어가며 일할 수 있는 환경이 만들어져야 한다. 지금의 현실은 체력은 떨어지는데 과거 젊은 시절 못지않게 더 많은 일을 해야 한다. 만족감, 행복감을 찾기 힘들다. 요즘 나는 여유 시간에 책을 읽고 생각하는 시간을 많이 가진다. 책에서는 '의식을 확장시켜야 하고, 목표를 명확히 하고, 내가 꿈꾸는 상상을 잠재의식에 각인시키고, 꿈이 이루어진 결말에서부터 믿음으로 걸어 나가라'는 진리를 알려준다. 이것은 내 안의 거인을 깨우는 메시지로 내게 다가왔다. 그렇게 새로운 꿈과 열정이 생겨났다.

이제 나는 인생의 절반을 살아오면서 좀 더 즐겁고 신나는 일에 관심이 간다. 그리고 내가 혼자서 하는 주도적인 일에 가치를 느낀다. 바로 1인 창업가로 메신저로, 동기부여가로 살고 싶다는 간절한 꿈을 꾼다. 그리고 인생을 살아온 나의 경험과 지혜를 나누는 선한 영향력을 주는 사람이 되어야겠다는 확신이 생겼다. 나의 삶을 영적, 정신적, 육체적 자유를 얻을 수 있는 일을 해나갈 수 있는 법칙을 따르려 한다. 지금은 그래서 책 쓰기와 1인 창업가로 필요한 몇 가지를 열심히 공부 중이다. 브랜든 버처드 저서 『백만장자메신저』는 내가 갈 길을 더욱 명확하고 상세하게 할 수 있는 확신을 준다.

브랜든 버처드는 교통사고 이후 왜 이 일을 시작해야 하는지에 대한 명확한 비전을 갖게 되었고, 그 목표를 실현하는 삶, 메신저 사업을 시작한 것이다. 브랜든 버처드는 "의미 있는 삶을 살아라."라고 알려준다.

'위기가 기회'라는 격언이 있다. 나를 더 많이 생각하고 일상의 답답함에서 한 발짝 물러나서 여유를 가지면 또 다른 관점의 세상은 열려 있다. 우리는 오랫동안 내려오는 인식의 관점과, 사회적 관점에 갇혀 살아갈 때가 많다. 그런 다양한 관점이 나의 능력과 세상을 바라보는 데 한계를 둔다. 부모님 세대로부터 내려오는 열심히 일해야 한다는 관습, 열심히 공부해서 최고가 되어야 한다는 관습, 많은 스펙을 쌓아서 최고의 대기업에 입사해야 잘 살아갈 수 있다는 관습, 착하게 부지런하게 살아야 기회가 온다는 관습, 이런 다양한 관습과 고정관념이 나의 능력을 한정 짓는 것이다. 삶의 진리를 전하는 다양한 책은 말한다. 우리에게 한계를 짓지 말라 한다.

네빌 고다드의 다양한 저서와 〈한책협〉 김도사 님의 『백억 부자의 생각의 비밀』, 남경흥 작가의 『허공의 놀라운 비밀』, 아니타 무르자니 저서 『나로 살아가는 기쁨』, 나폴레옹 힐의 저서 『결국 당신은 이길 것이다』 등은 나에게 많은 메시지와 진리를 알려주는 인생 도서로 의식 확장과 원하는 목표와 꿈, 믿음을 이루어내는 것을 자세히 알려준다.

우리 함께 오랫동안 내려오는 관습에서 벗어난 새로운 관점에서 나와 당신, 인생을 리셋해나가자.

영화배우, 샤를리즈 테론

남아프리카 공화국 태생의 영화배우 샤를리즈 테론은 어렸을 적부터 발레를 전공한 발레리나 출신이다. 배우 샤를리즈 테론은 불우한 유년 시절을 보냈다. 그녀는 알코올 중독자인 아버지가 가정 폭력을 일삼자 어머니가 총을 들기도 했다. 최악의 상황에서도 테론은 꿈을 쫓았다. 그리고 뉴욕에서 연습 도중 부상으로 발레를 할 수 없게 되자 모델로 활동하며 단역 영화배우로 데뷔한다. 이후 인생작을 만나 열연하고 골든 글로브와 아카데미 등 유명 시상식에서 연기력을 인정받는다. 그녀는 10대 후반 미국에 홀로 와서 밑바닥부터 시작해서 엄청난 노력으로 최고의 연기파 배우로 자수성가했다.

그녀는 인생 철학인 담긴 인터뷰를 했다.

"당신은 당신에게 주어진 기회만큼 위대하다."
"안전한 곳에서 흥미로운 일을 만들어낼 수 있다고 생각하지 않는다. 두려움과 실패의 장소에서 일을 하라."

4장

나만의 기준 만드는 법

1

·

·

·

내 감정을
솔직하게 드러내기

어제는 한 달 만에 온 가족이 다 모였다. 둘째언니의 생일이라 가족 파티 자리를 마련한 것이다. 우리 집은 큰언니가 부모님을 잘 보살펴줘 부모님이 마음 편하게 잘 계시는 축복을 받았다. 우리 엄마는 젊으실 때 고생을 많이 하셔서 지금 파킨슨병을 이십년 가까이 앓고 계신다. 그럼에도 잘 관리하고 우리 옆에 계신 것은 불교 신자인 큰언니의 따뜻한 보살핌 덕분이다. 아버지는 워낙 체질적으로 건강하신데다 낙천주의시라 오랫동안 건강하셨다. 그러나 올해 초부터 노화에 의한 뇌출혈로 약간의 치매 초기 증세를 보이신다. 거기다 혈액순환도 잘 안 되어 다리수술까지 받은 상태이다. 아버지는 최근 무슨 말이든 "몰라, 몰라."라고 하신다. 그렇게 건강하시던 분이 주위 친구 분이나 형제분들이 거의 돌아가시고

난 후 마음을 다잡지 못해 건강에 적신호가 나타나는 듯하다. 아버지는 "갈 때가 지났다."라고 말씀하신다. 100세 시대라 건강하게 사셔야 한다고 아무리 얘기해도 완강하시다. "죽을 때 지났다."라는 말로 치매 증세를 받아들이신다.

부모님이 마지막까지 건강하게 계시다가 하느님의 나라로 가기를 간절히 바란다. 부모님을 함께 보는 자리를 갖기 어려워 언니들은 이제 자신들의 생일을 친정에서, 부모님 앞에서 다 함께 얼굴 보고 맛난 것 먹는 자리로 만들었다. 우리의 삶이 뭐가 그리 바쁜지 다들 가까운 부산 시내에 살아도 얼굴 보기가 쉽지 않다. 이 모든 상황도 내가 만들어낸다는 것을 이제는 잘 안다. 매일매일 점점 더 나아지고 있다. 둘째언니의 생일을 위해 요리 실력이 뛰어난 조카 '하나'는 20인분의 쭈꾸미 샤브샤브와 소고기 샤브샤브를 준비해왔다. 역시 자랑스러운 예쁜 조카이다. 다양한 샐러드와 과일과 아이스크림 케이크까지 정말 푸짐한 생일파티를 부모님 모시고 다함께 참석해서 더 많은 행복을 준 가족 모두에게 감사하고 싶다.

나는 언제부터인지 모르겠는데 나를 표현하는데 많이 서툴렀던 것 같다. 요즘은 모든 면에서 리액션이 중요하다. 보기만해도 즐거움을 주는 리액션들이 많다. 그만큼 표현하므로 상대방도 즐거움을 선사한다는 것은 정말 멋진 일이다. 한동안 듣는 것만 좋아하고 나의 속내나 내 얘기하는 것을 꺼려했다. 내가 행복해지는 첫걸음이 나를 표현하는 것이라는 것을 지금은 누구보다 잘 안다. 그리고 나도 지금은 많이 좋아졌다. 그리고 다양한 리액션에 열광한다.

오랫동안 서비스업에 종사하다 보니 더 나를 표현하지 않는 것이 플러스 된 것 같다. 그렇게 삼십년 가까운 시간을 나를 감추고 고객의 말과 행동에 귀 기울였다. 그만큼 내 감정을 감추었다는 것이다. 나는 나의 일을 사랑한다. 하지만 한편으로는 다음 생은 서비스업은 피하고 싶다. 그 것은 내 감정을 숨기고 타인을 위하는 철저한 서비스 정신으로 무장해야 하기 때문이다. 내 감정을 더 많이 표현할 수 있는 삶을 살고 싶다. 지금의 나는, 나를 표현하는 것도 자꾸 안하니 더 서툴러진다. 그리고 나를 보는 직원들과 고객들이 있는 위치의 나는 그렇게 점점 더 표현이 서툴러졌다. 나는 너무 좋아도 조금 좋은 듯하고 많이 속상해도 덜 속상한 척 했던 것이다. 누구나 일을 하다 보면 너무나 속상한 일도 많다. 다 표현할 수 없다. 격한 표현은 내 얼굴에 침 뱉기가 될 때도 많다. 그래서 더욱 더 표현하기 힘든 경우도 많다. 겉으로는 표현에 한계가 있으니 스스로에게 얘기한다.

"별거 아니야, 그러려니 하는 거야. 아무것도 아냐."

이렇게 내 감정을 스스로 컨트롤 할 때 오히려 내가 더 편안하다. 그 기분 나쁘고 화나는 감정은 나의 마인드 컨트롤로 곧 잊힌다. 나쁜 감정은 빠르게 마인드컨트롤로 대처하는 게 오히려 현명할 수 있다. 그러나 빠르게 그 자리를 벗어나 기분전환 해야 한다. 그렇지 않고 힘든 공간에서 참고 있으면 마음이 병든다. 일하는 과정이라 그 자리를 벗어날 수 없다. 그렇게 인내하는 과정에서 때로는 감정이 메말라간다. 한때는 좋을 때도 너무 좋아하는 표현을 막 하기는 부담스럽게 느껴졌다. 그러다 보니 뭐든 적당히 표현하고 느끼게 되는 상황을 만들어가는 것 같아 안타까웠다. 그러나 이제는 안다. 모든 감정은 더 많이 표현하고 내면을 드러내어야 한다는 것이다. 한번뿐인 내 인생을 솔직한 감정표현으로 풍부하게 살자. 행복을 두 배로 즐기자.

모든 행복의 시작은 나를 있는 그대로 표현하는 것이다. 나를 다 표현하고 더 표현할 때 더 많은 행복과 충만함이 함께 한다. 매일 거울을 보며 나를 예뻐하고 칭찬해야 한다. 그렇게 나를 더 많이 표현하고 사랑하자. 나에 대한 긍정적 표현을 아낌없이 하는 것에서 시작하자. 그리고 행복한 감정으로 채워보자. 웨인 다이어는 저서 『행복한 이기주의자』에서 자신을 허깨비로 만들어버리는 감정과 행동, 그것을 유발했던 그릇된 생각들을 없애라고 요구한다. 웨인은 행복을 얻기 위한 즐거운 접근법으로 스스로를 책임지고 기준 삼는 것과 삶에 대한 의욕과 지금 원하는 것은 무엇이든 하고 싶다는 바람에 바탕 두는 것으로 말한다. 행복을 얻기 위해 우리는 자신의 감정을 선택하는 능력을 발휘할 수 있다는 것이다. 나의 가치는 다른 사람에 의해 검증될 수 없다. 내가 소중한 이유는 내가 그렇다고 믿기 때문이라고 말한다. 모든 행복은 자기를 사랑하는 데서 시작한다. 내가 하고 싶은 것에 집중하는 것이다. 가진 것에 감사하고 나를 더 사랑하는 법을 실천하는 것이다. 먼저 나의 내면이 하는 말에 귀 기울이고 나의 감정을 솔직하게 표현하기로 하자. 세상의 중심은 나이다. 그러므로 내가 가장 행복해야 한다. 그래서 나는 나를 가장 사랑한다.

그동안 나도 온전히 나에게 빠져 있을 때 가장 행복했던 것 같다. 내가 하고 싶은 것에 몰두하고 가고 싶은 곳을 여행할 때 행복한 기분으로 싱글벙글해진다. 거기서 갖고 싶은 것까지 지름신과 함께 지를 때는 환상적이다. 모든 근심걱정은 한낮 구름과도 같은 것이다. 맑고 화창한 하늘에 때로는 뭉게구름도 있고, 때로는 구름 한 점도 없고, 때로는 어두운 먹구름이 드리운다. 그러나 구름은 구름일 뿐이다. 곧 지나가고 아니면 비와 함께 사라진다. 내 마음의 맑고 화창한 하늘에 구름은 지나가는 순간일 뿐이다. 그런 구름에 일희일비할 필요가 없다. 득도의 마음을 가지고 행복을 선택하는 것이다. 오로지 행복한 생각과 행복한 그림을 그리며 행복 가득한 생생한 꿈을 실현하고 있는 나를 만나는 것이다.

최근 나는 나의 버킷리스트를 작성했다. 나의 버킷리스트를 쓰는 일은 나의 꿈을 앞당기는 일이 될 것이다. 버킷리스트는 작성하는 것만으로도 기쁨을 주었다. 다 이루어진 듯 생생하게 감정을 느끼고 세부적으로 꿈꿀 수 있었다. 우리는 꿈을 먹고 산다. 내가 어떤 꿈을 꾸느냐에 따라 풍요롭고 윤택한 삶을 살 수 있다.

당신도 시간을 내어 자신의 버킷리스트를 작성하고 이루고 싶은 꿈을 이루어진 결말에서부터 상상해보라. 그리고 모든 감사하는 마음을 담아 감사 일기를 써보라. 그것으로 인한 행복하고 즐거운 감정이 나를 더욱 풍요롭게 만들 것이다. 나는 내가 일에서 표현하지 못했던 생각과 감정을 표현해내는 법을 배웠다. 그것은 나의 꿈을 이루면서 더욱 나를 기쁘고 풍요롭게 해주는 책 쓰기이다. 책을 쓴다는 것은 모든 나의 희로애락을 담을 수 있다. 그리고 꿈도 상상도 담을 수 있다. 그리고 책을 쓰는 과정은 나의 내면에 더 집중하며 감정도 더 풍부해진다. 이 세상은 보이는 게 다가 아니며, 보이지 않는 곳에 널려 있는 풍요를 누리는 법들을 책에서 배운다. 그렇게 보이지 않는 세상의 풍요까지 더해져 나의 세상은 더 많은 사랑으로 넘친다. 나를 더 많이 사랑하게 된다.

이제 행복해지기 위한 나의 감정들을 솔직하게 드러내자. 어떤가? 굿!!

2
.
.
.

모든 사람에게
잘하려 하지 마라

2019년 연말에는 우리나라에 시대를 너무 앞서가 대중에게 외면받았던 가수 양준일 신드롬이 일었다. 30년 만에 가수 양준일은 신드롬에 가까운 엄청난 인기를 갑자기 얻었다. 그는 옛 가요 다시 듣기 열풍으로 시대를 앞서갔던 비운의 가수로 회자되었다. 그렇게 그는 30년 먼저 시대를 앞서간 패션과 음악세계로 사람들을 매료시켰다. 너무 빨리 시대를 앞선 감각으로 제대로 실력 발휘도 못하고 묻힐 뻔한 그는 무려 30년이 지난 지금 재평가 되며 엄청난 호평과 인기로 사람들을 또 놀라게 한다.

요즘 그는 TV뉴스와 다양한 프로그램에 출연한다. 그리고 그가 보여준 것은 패션과 음악세계뿐 아니라 한결같이 겸손하고 순수한 모습으로,

사람들의 마음을 사로잡았다. 지금의 그를 보며 정말 훈훈한 마음이 절로 드는 순수하고 좋은 사람이라는 것을 느꼈다. 그는 어쩜 그렇게 좋은 마음이 그대로 드러나는 웃는 얼굴의 착한 인상을 가졌는지 싶다.

나도 여태껏 착하게 살아왔다. 착한 병에 걸린 듯 착하게만 산 것 같다. 나는 그동안 딱히 나쁜 짓이나 나쁘게 누군가를 대한 기억은 없다. 적어도 내 기억에는……. 모두에게 좋은 사람으로 기억되려 했던 것 같다. 그것을 당연하게 생각했다. 나의 천성이라 생각했다. 하지만 지금의 시점에서는 정말 너무 착하기만 한 사람도 하나의 병을 앓는 것으로 봐야 하는 시대인 것 같다. 그만큼 어리석게 여겨지는 부분이 지금은 크다. 앞서 말한 양준일을 빼고. 옛날에는 착한 사람을 '호인이다.', '법 없이도 살 사람이다.' 등으로 칭찬을 아끼지 않았다.

나의 아버지는 지금 연세가 여든일곱이시다. 우리 아버지는 성격이 긍정적이고 적극적이셨다. 목소리도 크고 웃음도 호탕하시며, 나와 우리가족은 아버지의 근심하는 모습을 거의 보지 못한 것 같다. 그렇게 성격 좋고 호남형인 아버지는 밖에서는 호인소리를 듣는 분이었다. 하지만 우리 엄마가 힘들어하고 애쓰는 것을 알아주지 못했다. 옆에서 지켜보는 우리도 가족을 세심하고 자상하게 안 챙기는 아버지가 많이 섭섭했고 속상했다.

그래서 어릴 때부터 그런 생각을 많이 했다. 남자는 가정적이고 가족에게 잘하는 사람이 최고라 생각했다. 물론 여자도 마찬가지이다. 지금 시대는 당연히 남들보다 가족을 먼저 챙기고 잘하는 것이 당연하게 생각되는 시대이다. 남들에게 좋은 사람 소리 듣거나 남에게 잘하는 사람보다, 가족에게 잘하는 사람이 되어야 한다. 그리고 남을 먼저 생각하는 삶이 아닌, 나와 나의 가족을 위하는 진정한 내 인생을 살아야 한다. 그렇게 모든 사람에게 잘하기보다 나한테 집중하고 잘하는 것이다.

우리는 때로는 이기적으로 살아야 한다. 무조건 모든 사람에게 잘하려할 필요가 없다. 어떤 상황에서든 나를 비난하는 사람은 꼭 있기 마련이다. 내가 아무리 잘해줘도 감사하는 마음은 커녕 오히려 불평하고 불만을 늘어놓는 사람은 꼭 있다.

나도 오랫동안 매장을 운영하면서 사람에 웃고 사람에 울었던 경험이 정말 많다. 매장을 한곳에서 20년을 한다는 것은 결코 쉬운 일은 아니다. 하면 할수록 그런 느낌과 생각은 더 든다. 특히 그냥 물건 파는 일이 아닌 사람을 대하는 일이 그렇다. 우리 업종은 고객과 종사자 모두가 사람이다. 사람으로부터 사람에게 사람들과 함께 잘 해나간다는 것은 쉽지 않다. 정말 능력 있는 경영자이거나 부처의 마음으로 해야 그나마 큰 무리 없이 비난을 피할 수 있을 것이라 생각된다. 거기다 오로지 자신의 실력으로 승부할 수 있는 상황도 아니다. 가까운 경쟁업체의 저가공세나, 난립하듯 하루가 다르게 생겨나는 같은 업종과의 의미 없는 경쟁에서 마음은 더 힘들어진다. 이럴 때일수록 모든 사람에게 잘하려 하기보다 현명하게 똑똑한 이기주의자가 되어야 함을 느낀다. 어떤 경우도 내가 가장 중요하니까. 내가 행복해야지 "돈도 금도 다 필요 없다."라는 옛말이 있지 않은가.

"'남들이 뭐라고 생각할까?' 늘 이런 생각에 사로잡혀 사는 사람은 노예일 뿐이다. 노예는 늘 주인의 눈치를 살피고 주인의 명령을 따라야만 한다. 하기 싫은 일이 있을지라도." - 쇼펜하우어

모든 사람에게 잘하려 하기보다 나에게 집중하여 내 인생을 더 빛내는데 시간을 쓰고 마음을 쓰기로 하자. 몇 해 전부터 조용한 여유 시간을 나에게 집중하는 시간을 많이 가지려 했다. 책과 함께 나의 내면의 소리를 들으려 애썼다. 그리고 책과 함께 부합하는 부분을 실천하려 노력했다. 그렇게 집중하다 보니 나는 안주하기보다 뭔가 꿈꾸기를 내면에서 부르짖는다는 것을 느꼈다. 나는 너무나도 평범하다. 30년 동안 한 가지 일을 해왔다. 그리고 그중 20년을 한 곳에서 해왔다. 그러다 보니 내가 갖고 있는, 나를 둘러싸고 있는 껍질은 너무나도 단단한 것 같다. 그리고 그동안 책을 멀리 했다. 책만 펼치면 집중이 안됐다. 몇 권의 책을 빼고

는 그렇게 재미나거나 의미 있게 다가오지 않았다. 매장에 신경 써야 할 것도 계속 생각났다. 그러다 우연히 책에서 말하는 메시지가 내 눈과 귀를 사로잡는다. 이제는 책에서 영혼의 울림을 느낀다. 책에서 내 인생의 보물 상자를 발견한다.

책에서는 말한다. 현실주의자가 아닌 꿈꾸는 사람이 되라 한다. 세상은 현실주의자가 아닌 몽상가가 지배한다. 예를 들면 애플의 CEO 였던 스티브 잡스는 현실주의자 일까? 몽상가일까? 그는 괴짜 몽상가이다. 그는 세계 최초의 개인용 컴퓨터 '애플', 최초의 3D디지털 애니메이션 〈토이스토리〉, MP3 플레이어 '아이팟', 스마트폰 '아이폰', 태블릿PC '아이패드' 등 세상에서 가장 창의적인 제품들을 연속으로 내놓고 있는 괴짜 중의 괴짜 경영인으로 꼽혔다.

구글의 '무인 자율주행 자동차' 같은 것들은 모두 래리 페이지의 작품으로 그는 구글의 혁신적 검색엔진을 만든 몽상가이다. 그는 고정관념에 얽매이지 않는 사고를 가진 인물로 유명하다. 이처럼 더 많은 다양한 몽상가들이 세계를 지배한다. 그렇게 대부분의 성공한 사람들은 몽상가들이다. 그리고 위대한 사람들도 그냥 평범한 사람들 중의 한 명이었다는 것이다. 나 역시 내 인생의 중요한 사람으로, 세상의 중심에 내가 있음을 되새긴다.

평생을 열심히 살면서 지치고 낙담하는 그런 인생을 살기 위해 우리가 태어난 것이 아님을 알아야 한다. 우리는 이 세상의 특별한 존재로 태어났다. 사회의 관념 속에 평범하게 묻혀 살기 위해 태어난 것이 아니다. 나만의 개성을 기쁘게 받아들이고 창조적인 삶을 살아가는 것에 집중해야 함을 느낀다. 우리는 상상만으로도 꿈을 이룰 수 있다. 무슨 스펙이나 학위 따위는 중요한 게 아니다.

어떻게 상상하느냐에 따라 빠르게, 크게 이루어낼 수 있다. 여태 상상하지 못했거나 상상했는데 이루어내지 못했다면 다시 점검해야 한다. 내가 어떤 방식으로 꿈을 상상하고 날개를 폈는지를. 모든 상상은 이루어진 결말에서부터 이루어진 것을 확신에 찬 믿음으로 걸어 나갈 때 더 빠르고 원하는 크기보다 크게 이루어진다. 그리고 꿈꾸기에 너무 늦은 때는 없다.

지금 내가 처한 상황이 싫다면 처한 환경을 바꾸는 것이다. 이루고 싶은 꿈을 꾸고, 그 꿈은 벌써 이루어낸 결말에서 생생한 느낌을 간직하는 것이다 그리고 그 느낌을 간직한 채 현재를 살아가는 것이다. 꿈을 이룬 자세로 행동해가는 것이다. 그럼 그것은 현실로 나타날 것이다.

책에서 더 많은 동기와 해법을, 그리고 영감을 받고 책과 함께 걸어나가자. 아무도 내 인생에 나보다 더 많이 관심을 가지지 않는다. 나만이 내 인생을 꿈꾸며 환상적으로 펼쳐낼 수 있다.

남들에게 잘하고 모든 사람에게 잘하려 애쓰느라 시간 낭비하지 말자. 아무리 애써도 모든 사람을 만족시키고 좋은 말은 듣지 못한다. 때로는 더 큰 상처를 받는다.

나에게 더 집중하자. 나를 더 사랑하자. 행복한 내 인생을 위하여 모든 사람에게 잘하려 하지 마라.

3

.

.

.

다른 사람의 무리한 부탁은
단호하게 거절하라

봄이 되면 봄내음 가득한 산을 타고 싶다. 몇 해 전 동생의 소개로 산악
동호회 사람들과 등산하는 재미를 경험했다. 그렇게 알게 된 등산은 정
말 즐거웠다. 계절별로 산이 주는 아름다움을 그때 여러 산을 다니며 알
았다. 처음 산을 탔던 게 한라산이었다. 1월 말경 설경의 한라산을 감상
하러 가는 산악회에 동참하게 된 것이다.

그때 나는 등산을 거의 처음 해보는 것이었다. 그것도 동생과 언니의
응원으로 함께 첫 등산을 결정했었다. 그렇게 아름다운 제주 한라산의
설경을 보러 나서게 되었다.겨울 등산은 해가 짧아서 일찍 시작해야 한
다. 우리는 한라산 등산을 위하여 전날 저녁 배를 타고 새벽에 제주에 도

착하는 일정이었다. 밤새 배안에서 취침하며 새벽부터 제주도에서 하루를 시작하는 생전 처음 해보는 신나는 경험이었다. 그때 우리의 일행은 여덟 명 정도였다. 겨울산행이라고 한라산이 다 눈이 오는 것은 아니다. 겨울의 얼어붙은 마른 산을 등산하게 되는 경우도 많다. 그런데 그날은 운이 좋았다. 첫 등산에 한라산의 절정을 이룬 설경을 탈 수 있었으니까. 그날 눈이 제대로 엄청나게 왔다. 바람까지 엄청 불어 가시거리가 1M정도로 무슨 히말라야 등반하는 듯 스릴이 넘치는 생애 처음의 설산 등산을 했었다. 그렇게 나의 첫 등산은 너무나 행복한 추억이 되었다. 그때의 추억은 사진으로 고스란히 남겨두었다.

도전이 주는 뜻밖의 행복을 제대로 느낀 것이다. 그리고 우연하게 도전한 등산의 묘미에 빠졌다. 그렇게 몇 해 동안 겨울 설산을 비롯하여 사계절을 등산하는 즐거움을 누렸다. 이제는 따뜻한 봄이 되면 진달래꽃 만발하여 봄내음이 진동하는 산이 생생히 느껴진다. 자연이 주는 자유와 평화, 사랑을 만끽할 수 있는 행복에 가슴 설렌다. 올해 나는 바빠서 꼼짝 못했다. 언니, 동생, 조카는 올봄도 산을 누비며 건강을 다진다. 일상의 지루함에서 벗어나 자연이 주는 건강과 행복을 충전하러 등산을 한다. 지금 나는 새로운 나의 꿈에 도전하느라 바쁘다. 설레고 떨리며 즐겁고 행복하다. 얼마만의 진정한 열정을 쏟는 일인지, 이 봄 등산보다 더 설레는 일을 하느라 바쁘다. 그것은 바로 내 꿈을 이루는 일이다. 나는 작가이며 동기부여가이며 메신저를 꿈꾸고 실행하고 있다.

나는 20대 때 언니, 동생, 동료들로부터 내가 많이 냉정하고 이기적으로 보인다는 얘기를 들었다. 그때 나는 깜짝 놀랐다. 내가 생각하는 나는 여리고 순둥순둥하다고 생각했는데 보이는 이미지가 그렇다니 많이 당황했던 기억이 있다. 나도 모르는 내가 그렇게 외부로 비쳐졌던 것이다. 이후 나의 내면과 외부로 비쳐지는 나에 대해 좀 더 생각하게 되었다.

그 이후 쉽게 바뀌지는 않았지만 매장 관리자로 운영을 하면서 차츰 이미지가 부드러워진 듯하다. 많은 사람을 관리하다 보니 자연스럽게 나의 이미지에 신경을 많이 썼다. 그러다 보니 어느덧 어릴 때의 냉정하고 이기적으로 보인다는 이미지를 차츰 탈피할 수 있었다. 그리고 내가 생각하기에 나는 단순해서 그런지 여러 가지 일을 잘 못한다. 한 가지 일을 하면 그 일에 몰입하게 된다. 여러 가지 일을 잘하는 사람들 보면 참 대단하게 보인다. 뭘 하게 되면 집중하는 나의 성격으로 여러 사람들을 관리하는 매장을 오랫동안 할 수 있었다. 그렇게 여러 가지를 못해도 한 가지만 집중하고 빠져드는 장점이 있다. 뭐든 내 일에 집중하는 편이라 별로 다른 분위기에 휩쓸린 적이 없다.

내가 하고자 하는 일에 집중했다. 꿈을 이루는 데는 집중하는 것이 중요하다고 본다. 그렇게 집중하며 우리는 인생의 가치를 찾고 이루어가는 것이다. 그런 나도 살면서 이일 저일 여러 일을 겪게 된다. 그리고 한꺼번에 여러 일을 해야 할 때가 많이 생긴다. 그럴 땐 나도 모르게 스트레스 지수가 올라간다. 성격이 묵묵히 말없이 해내려하는 성격이지만 때로는 나에게 과부하가 걸림을 느낀다. 그래서 최대한 단순하게 사는 게 나에게 맞았다.

보통 때 나는 힘들어도 대체로 최선을 다하는 편이다. 그리고 성격이 차분한 편이고 책임감이 강한 편이다. 그러다 보니 오랫동안 부모님과 형제들에 대한 책임감을 많이 느꼈다. 그래서 항상 일을 우선시했다. 어느 가장보다 더 열심히 임했다. 나는 싱글이다. 그럼에도 항상 일 위주로 하다 보니 친구가 많지 않다. 거기다 시간이 지나면서 몇몇 지인들은 나에게 부담스러운 존재로 다가올 때도 있었다.

보통 친한 친구들 사이에 돈 문제로 틀어지는 경우가 있다. 나도 한때 친했던 친구가 형편이 어렵다고 돈을 빌려 달라면서 인연이 끊기는 경우가 한두 번 있다. 형편이 비슷비슷한 친구끼리 서로 넉넉하지 않은데 돈을 빌려 달라하면 참 곤란하다. 돈은 은행에서 빌려야지 친구사이에 그러는 것은 아니다. 요즘은 집 살 때도 은행 대출이 있고, 차 살 때도 할부로 사는 다들 비슷비슷한 상황이다.

그런데 내가 부자도 아니고 은행도 아닌데 돈을 빌려 달라면 참 곤란하다. 사람을 곤란하게 하는 친구나 지인은 좋은 사람은 아니라고 본다. 세상에 돈 빌릴 데가 얼마나 많은데. 내가 어릴 때 듣던 냉정하고 이기적이게 보이는 이미지의 한 부분은 이럴 때 쓰인다. 나는 넉넉하지 않으므로 사실대로 말하고 깔끔하게 거절한다. 섭섭한 건 잠시다. 더 곤란한 관계를 만들지 않는 것이 최선이라 생각한다.

나는 매장을 하면서 공인 아닌 공인으로 책임감을 느낀다. 매장 오너로 그리고, 집의 가장으로 내가 정신 바짝 차리고 잘 해내야 한다는 책임감이 있다. 내가 책임지는 직원이 여러 명인데 다른 사람에게 휘둘리지 않아야 한다. 책임감은 못해낼게 없다. 지금도 책임감 없이 '누군가가 어떻게 해주지 않을까?', 아니면 '어찌되겠지.'라고 생각하는 사람은 있다. 스스로도 책임질 수 없는 무대책의 마인드는 아니라고 본다. 그런 생각의 소유자는 그런 대책 없는 일이 끌려온다. 생각지도 않은 일이 터지거나 사고가 난다. 내가 생각하는 대로 삶은 반응함을 잊어서는 안 된다. 이런 사고는 인생을 불행으로 이끄는 지름길이라 본다. 베짱이처럼 열심히 하지 않고 남을 곤란하게 하여 남들이 피하는 사람이 되지 말자.

요즘은 돈 쓸 곳이 너무 많고 판단을 조금만 잘못하면 곤란한 돈 문제가 발생할 수 있다. 돈은 쓰는 재미보다 먼저 모으는 재미를 느껴야 한다. 그럴 때 더 당당하게 돈을 쓸 수 있고 더 많은 돈이 나에게 따를 것이다. 열심히 벌고 열심히 쓰는 부유한 삶을 사는 것이다. 우리의 인간관계는 세월이 지나며 많이 정리되고 다시 리셋 된다. 나는 반세기를 살며 나름 긍정적으로 편안하게 살았다고 생각한다. 그리고 또 다른 차원의 부의 파이프라인을 갖고, 하고 싶은 거 다하며 되고 싶은 꿈을 향하는 100억 부자들을 알게 되면서 욕망을 가지는 것이 부끄러운 일이 아니라는 것을 다시 알게 되었다.

내가 어떤 위치에 있든 상관없다. 원하는 큰 꿈을 꾸는 것이 중요하다. 그리고 앞서 성공한 사람들의 이루어지는 법칙들을 잘 따라한다면 누구나 다 이룰 수 있다. 얼마나 큰 꿈을 꾸느냐에 따라 이루어지는 시기는 달라질 수 있다. 편안한 마음으로 이루어진 상태를 믿는다면 곧 이루어짐은 따라온다. 그리고 지금의 없는 상태나 빈곤의 상태에 초점을 맞추어서는 안 된다. 그것은 계속적으로 빈곤과 없음을 부른다. 갖고 싶은 것, 하고 싶은 것, 되고 싶은 것이 다 이루어진 생생한 느낌을 갖는 것이 중요하다.

오프라 윈프리는 "세상의 모든 일은 여러분이 무엇을 생각하느냐에 따라 일어납니다."라고 말했다.

내가 행복하게 살아가는 기준은 다른 사람의 무리한 부탁은 단호하게 거절하는 기술도 포함된다. 거절의 명수가 되어 행복한 삶의 고수가 되자.

나를 가장 사랑하는 나는, 나를 배려하지 않는 다른 사람의 무리한 부탁은 단호하게 거절한다. 그리고 내가 이루고자 하는 꿈에 집중한다.

4
.
.
.

내가 하고 싶으면 YES!
싫으면 NO!

우리는 살면서 다양한 경험을 하게 된다. 특히 요즘 같은 세상은 너무나도 빠르게 급변하여 더 많은 경험을 하게 된다. 그런 경험은 생각지도 못한 힘든 상황도 있고 의외의 기쁜 순간도 맞이한다. 지금처럼 빠르게 변화하는 세상은 쫓아가기가 힘들다고 느껴질 때도 많다. 빠른 변화가 반갑지만 않은 이유이다.

한때 세상이 너무 빠르게 발전함을 느꼈다. 그리고 앞으로의 세상이 갈수록 좋아지면 너무나 살기 좋기만 할 줄 알았다. 생활이 평안해지고 살림살이는 넉넉해질 줄 알았다. 하지만 빠르게 발전한 지금 생각해보니 꼭 그렇지만은 않은 것이다. 좋은 것은 넘쳐나지만 살림살이는 팍팍해진 것 같다. 이런 많은 변화와 발전은 나이든 세대에게는 버겁게 다가올 때도 있다. 그럼에도 현대를 살아가는 우리는 즐거운 마음으로 따라가기를 멈추지 말아야 할 것이다. 지금 내가 멋진 시대에 살고 있음을 그렇게 체험하고 배워나가는 것이다. 그래서 인생이 주는 여유를 잃지 말고 누리자. 지금 내 생은 이번이 처음이자 마지막이니까. 오늘을 즐기자.

한때 사람들은 매장을 확장해나가는 것에 열정을 다했다. 그리고 그것은 성공의 길처럼 보였다. 그리고 많은 매장과 확장으로 성공한 사람의 반열에 오른 사람도 많다. 그렇게 혼자서 해내는 일에는 한계가 있지만 함께 하면 더 나아갈 수 있는 장점이 있다. 서로를 보완하고 함께 머리를 맞댐으로써 더 크게 이룬다. 하지만 남이 하는 것은 쉬워 보인다. 결코 많은 사람을 관리한다는 것은 쉬운 일이 아니다. 그만큼 많은 매장을 성공적으로 한다는 것은 박수 받을 만큼 관리능력이 좋다는 것이다. 하지만 시대가 빠르게 바뀌면서 몇 년 사이 개인이 많은 매장을 관리하는 것은 더 힘들어지는 듯싶다. 아마 많은 노력과 투자가 필요한, 여간 힘든 일이 아닌가 한다.

해마다 측정되는 고용비용과 부대적비용을 맞추기도 일반 자영업에서는 쉬운 일이 아니다. 그것은 고스란히 고정비용으로 부담이 된다. 거기다 치솟은 임대료까지 하면 고정비용이 만만치가 않다. 그런데 그것과는 별도로, 최근에는 예전과 달리 사람관리로 많이들 힘들어 한다. 시대가 바뀌면서 사람들의 마인드도 바뀌다 보니 사람관리가 많이 힘들다. 이렇게 여러 면에서 쉽지 않다. 혼자 하는 일이 아니라 함께 하는 일은 같이 일할 직원과 동료들이 있어야 한다. 나도 오랫동안 사람들과 함께 하는 일을 하고 있다. 하지만 사람을 고용하고, 사람이 사람에게 서비스를 제공하는 하는 일은 쉽지는 않다고 느낀다. 누구나 내 마음 같지 않아 서로 마음 맞추는 게 상당히 어렵다. 그렇게 세상에 쉬운 일은 없다.

격언 중에 이런 말이 있다. "내 입속의 혀도 깨문다."라고 '내 마음도 내가 모를 때도 있다, 나도 내 뜻대로 안 된다.'라는 의미이다. 그러니 다른 사람과 맞추고 잘해나가기란 참 어렵다. 나름 한다고 해도 마음이 잘 맞는다는 게 싶지 않다. 그런데도 함께 하는 사람 중에는 전체에 맞춰나가기보다 멋대로 하는 사람은 꼭 있다. 어떤 일이든 일하는 사람 중에는 지속적으로 무단결근하는 사람, 직장내부의 분위기를 흐리는 사람, 일 하고자 하는 의욕이 전혀 없는 사람, 1년이 넘어도 일에 발전이 전혀 없는 사람 등 다양한 사람이 있다. 게다가 다양한 문제까지 생긴다. 그리고 계속적으로 신경 쓰이게 하는 사람도 많다. 일은 못하면서 요구는 많은 사람, 말 안 듣고 잘 안되면 남 탓하는 사람, 성과가 오르지 않고 터무니없이 떨어지기만 하는 사람, 잘 해볼 생각도 없고 책임감이 결여된 사람, 기본을 지키지 않아 전체 분위기를 흐리는 사람 등 정말 다양한 사람들을 경험할 수 있다. 그렇게 다양한 사람과 함께 하다 보면 꼭 서로를 힘들게 하는 사람들이 있다. 자기 혼자만의 편의에 빠져 남을 힘들게 하는 것이다. 그리고 그런 사람들은 남을 의식하지 않는 것 같기도 하다. 오로지 자기만 생각하는 것이다. 기본적인 인성부터 직장인 마인드의 부재인 것이다. 그것은 스스로의 인생을 낭비하는 일이기도 하다.

황금 같은 인생의 시간을 남에게 피해 주며 물 흘려보내듯 의미 없이 살며 자신의 삶도 좀먹는 것이다. 아마 본인도 의식은 하는데 자신의 행동이나 생각이 제어가 안 되는 경우도 있을 것이다. 그런 경우는 거의 병이라 할 수 있는 것 같다. 지금은 무한경쟁과 세상은 빠르게 변화하는데 부적응을 겪거나 혼자 도태되는 느낌, 부모님의 이혼 등으로 상실감, 가족 간의 분열, 갈등에서 오는 애정 결핍 등으로 마음의 병을 얻기 쉽다. 이런 여러 가지 감정이 마음의 병으로 나타나는 것일 테다. 요즘은 이런 문제에 많은 사람이 너무나 많이 노출되어 있다. 정도의 차이만 있을 뿐, 현대인 누구나 겪을 수 있는 문제이다.

현명하게 극복하는 방법으로 나의 내면에 귀 기울여 한다. 이럴 때일수록 내가 하고 싶은 일은 무엇인지. 진정 이루고자 하는 것은 무엇인지. 나에게 더 많은 해답을 들으려 노력해야 한다. 모든 답은 내 안에 있다. 자신만의 인생의 롤 모델을 정하고 해낼 수 있는 빛을 봐야 한다.

힘든 상황을 극복하고 우뚝 올라선 사람은 너무나도 많다. 내가 스스로 나의 내면과 소통해야 한다. 나의 내면을 어루만지고 격려해야 한다. 나는 소중하니까. 있는 그대로의 나를 사랑하자. 남과 비교하지 말아야 한다. 나 자신을 온전히 사랑해야 한다. 나 자신의 단점까지 사랑해야 한다. 그렇게 내 안의 또 다른 나와 진실한 대화를 나누며 대면해야 한다. 나를 자랑스러워하고 내가 살아가는 가치를 찾아가는 것이다. 마음이 혼란스럽고 내가 어디로 가고 있는지, 무엇이 문제인지 몰라 마음의 병이 들 때는 스스로와 대화하는 시간을 꼭 갖기 바란다. 나는 어떤 삶을 살다 갈 것이지, 내 인생의 목적은 무엇인지, 내가 추구하는 인생의 가치는 무엇인지 생각할 시간을 반드시 가지는 게 필요하다. 그 시간은 나를 사랑으로 안아줄 것이고 나에게 보약과 같은 시간이 될 것이다.

명확한 꿈과 목표를 가져야 한다. 꿈꾸는 사람은 인생을 즐길 수 있다. 진정한 나를 찾으려하자. 진정한 나를 찾아 갈 때 자신의 미래를 빛낼 수 있는 일을 하는 것이다. 그리고 일에서 성취감을 맛보려고 노력해야 한다. 단지 그 일을 즐기는 것이다. 즐겁게 일하면 모든 세상사는 행복으로 술술~ 풀린다. 이것은 우주의 법칙이다. 일을 할 때는 남을 위한 일이 아닌 자신을 위해 일해야 한다. 내가 하고 싶은 일을 하는 것이다. 내가 하기 싫은 일은 안 하는 것이다. 남의 말에 휘둘리지 말고 내면을 채워 내 생각대로 살아가자.

누군가의 말처럼 "인생은 끝이 있는 길을 계속 걸어 나가는 여행"과도 같다. 처음 가는 초행길에서의 선택과 그 길을 가다가 또 새로운 길에서의 선택으로 이어진다. 그렇게 선택하는 가운데 길의 끝에 도달한다. 잘 모르는 길에서의 불안과 걱정이 마음의 병으로 이어질 수 있으나 아무 문제될 것이 없다.

내가 가고 싶은 길은 "YES!", 가기 싫은 길은 "NO!"를 외치자. 그리고 차츰 나가다 보면 멋진 인생의 길이 나있을 것이다. 누군가는 자신의 성공비결을 "나는 하루 중 내가 하는 일의 98퍼센트에 긍정적이다. 나머지 2퍼센트로는 어떻게 하면 매사에 긍정적이 될 수 있을까를 궁리한다."라고 말한다. 긍정적이고 낙관적인 사고는 더 많은 긍정에너지를 끌어올 수도 있다. 그러나 어느 CF 광고처럼 남들이 다 "YES"라 할 때 "NO"를 외칠 수 있는 용기의 성공철학도 있다.

무엇보다 나 스스로를 믿고 내가 하고 싶은 일은 "YES!"하기 싫은 일은 "NO!"하는 것이다.

내가 행복해지는 길을 가자. GO! GO!

〈인생은 아름다워〉의 감독, 로베르토 베니니

영화 〈인생은 아름다워〉는 1997년 작 이탈리아 영화로 로베르토 베니니 감독, 주연의 작품이다. 감독 로베르토 베니니의 아버지는 진짜 수용소에서 3년을 살아남은 홀로코스트 생존자이다. 그의 아버지는 전후에도 트라우마에 시달리다가 부인의 권유로 어린 로베르토 베니니에게 그때의 이야기를 게임에 비유하여 풀어주는데, 바로 이 이야기가 영화의 시작이 되었다. 어떤 상황 속에서도 인생은 아름답다는 것을 아들에게 알려주기 위해 헌신하는 아버지의 모습과 떨어져 있으면서도 끝까지 아내를 생각하는 남편의 모습이 짙은 감동으로 다가오는 영화이다. 영화 속 주인공 귀도는 아들 죠슈아에게 말한다.

"아들아. 처한 현실이 아무리 이렇다고 해도 인생은 정말 아름다운 것이다."
"모든 사람들은 자기 마음대로 할 수 있어."

〈인생은 아름다워〉는 '전 세계를 울린 위대한 사랑', '인생영화, 명작'으로 감동을 준다.

5
.

.

.

머리 아프게 하는
부정적인 메시지 차단하기

나를 머리 아프게 하는 일은 항상 하나씩은 있었던 것 같다. 하나 해결하고 나면 하나가 또 스멀스멀 고개 드는 그런 것 있지 않은가. 나는 자주 그걸 느꼈다. 좋은 일이 생긴 후 얼마 안 되어서 곧 신경 쓸 일이 생기는 것이다. 인간사가 다 그렇다고 생각한다.

우리는 계속적으로 행복하기만 하거나 기쁜 일만 생기지 않는다. 좋은 일이 있으면 또 안 좋은 일, 힘든 일이 찾아온다. 그렇게 삶은 고난과 시련의 연속인 듯하다. 그 속에서 행복함과 기쁨도 슬픔도 느끼는 희로애락의 시간이다. 이 과정에 우리는 삶의 진리를 깨닫는 것이리라. 나도 오랜 기간 사람과 사람이 함께 하는 일을 하다 보니 나를 머리 아프게 하는 일을 엄청 많이 겪었다. 왜 사람들은 남을 피곤하게 만들까. 서로 행복만 주고받을 수 없을까. 요즘 우리들은 머리 아픈 일이 너무 많다. 지금은 우리나라뿐 아니라 전 세계적으로 머리 아픈 일이 넘쳐난다. 인간이 지구에 너무 나쁜 짓을 많이 해서 그런 것이리라.

지금 세계는 팬데믹(pandemic) 상태이다. 팬데믹은 세계적으로 전염병이 대유행하는 상태를 의미하는 말로, 세계보건기구(WHO)의 전염병 경보 단계 중 최고 위험등급에 해당되는 상태를 말한다. 팬데믹이 발생한지 벌써 몇 개월째다. 세계 곳곳은 '코로나19'로 지역사회 폐쇄와 공항 폐쇄 등으로 지역 간, 나라 간 이동이 제한되고 있다. 어디서 시작되었는지도 정확하지 않은 이 팬데믹은 많은 사람들을 죽음으로 몰고 세계경제를 파탄시키려 한다.

정신을 바짝 차리지 않는다면 세계는 두려움과 불안함, 혼란과 혼돈, 공포로 순식간에 변할 수 있음을 보여주고 있다. 세계는 사재기가 기승을 부리고 서로간의 불신이 팽배해지고 있다. 우리는 차분하고 단호하게 이 팬데믹을 극복해야 한다. 지금은 우리나라는 세계적으로 인정받는 방역 모범국으로 이 사태를 잘 헤쳐나가고 있다. 이 모든 문제도 인간이 유발한 것이다. 인간의 환경파괴와 무분별한 개발 등으로 지구의 조화로운 아름다움을 파괴하는데서 시작되는 환경의 역습일 테다. 이렇게 현대화

된 세계에서 대규모로 갑작스럽게 나타난 팬데믹으로 세계는 전쟁과 버금가는 많은 변화가 일어나고 있다. 언제 끝날지 모르는 이번 일로 앞으로 세계는 팬데믹에 대비한 더 체계적이고 정비된 의료체계와 감염예방이 이루어질 것이다. 이제 앞으로 세계는 평화와 모두의 안전을 위하여 힘쓰는 또 다른 다양한 발전을 이룰 것이다.

지금 인터넷과 TV에는 코로나19 뉴스들이 넘쳐난다. 우리는 불안과 공포를 키우는 뉴스들을 차단하고 줄여나가야 한다. 지속적인 불안과 공포, 두려움이 우리의 뇌와 생각에 미치는 영향은 더 많은 안 좋은 상황을 만들기 때문이다. 단지 위기를 인식하는 정도의 뉴스와 해결방안에 목적을 둔 뉴스정도만 공유되는 게 좋을 것이다. 위기를 극복하기 위한 단결되고 단합된 하나의 마음으로 안전 규칙을 잘 따라 피해를 최소화하는데 힘써야 할 터이다. 그리고 더 안정되고 잘 대처하는 긍정적이고 행복한 메시지로 우리를 채워나가야 한다.

나는 되도록 너무 많은 부정적 메시지는 의도적으로 차단하고자 한다. 넘쳐나는 사건, 사고의 뉴스들을 다 듣다 보면 왠지 더 많은 불안감을 갖게 된다. 그래서 나는 너무 많은 부정적 메시지 듣기를 거부한다. 끝없는 불안과 두려움, 공포의 패닉상태가 나를 좀먹기 때문이다. 딱 문제를 인식하는 정도의 정보만 받아들이는 것이 제일 좋을 것이라 생각된다. 그리고 긍정적으로 잘 해결되어서 좋은 환경이 이루어진 상태를 생각하며 다른 기분이 좋아지는 일에 집중하는 것이다.

나도 그동안 매장을 운영하면서 많은 힘든 일을 겪었다. 아주 사소하다면 사소하지만 신경 쓰이는 일들은 계속 생겨나기 마련이다. 매장 운영에는 그 일이 크게 다가오는 것이었다. 그리고 그 일은 며칠만이 아니라, 여러 가지로 운영에 영향을 주기도 했다. 예를 들어 매사 부정적인 직원이 잘못 들어오면 상당히 곤란하다. 분명 그 사람이 들어오기 전에는 분위기가 좋았다가도 어느 순간부터 계속 단합이 안 되고 불만의 소리가 들릴 때가 있다. "미꾸라지가 우물 안을 흙탕물로 만든다."라는 속담이 있는 이유이다.

그들을 지켜보면 내면부터 배배 꼬인 것처럼 느껴질 때가 있다. 그리고 부정적인 사람들 중에는 예민한 사람들도 많다. 또 무언가를 받았을 때 감사하기보다 끝없이 요구하는 사람도 꼭 있다. 부정적인 사람들은 누군가 충고한다고 쉽게 바뀌지 않기 때문에 더욱 조심하게 된다. 그래서 누군가를 새로 들일 때는 항상 신중하게 된다. 사람 한 명이 잘못 들어오면 온 매장분위기를 흐려놓을 수 있기 때문이다.

우리는 고립된 곳서 혼자 살아가는 것이 아니기 때문에 인간관계에서 오는 문제는 늘 발생한다. 특히 여럿이 같이 일하는 매장은 나 혼자 잘한다고 되는 문제는 결코 아니기 때문이다. 많은 사람이 일하는 곳은 대체로 부정적인 사람들이 한둘은 있다. 그럴 때는 얼마나 빨리 부정적 메시지에 영향을 받지 않고 해결해나가는가가 중요하다. 얼마나 빠르게 더 긍정적 에너지를 끌어오느냐, 그래서 나에게 지금보다 더 좋은 상황을 만드느냐인 것이다.

오랫동안 다양한 사람들을 겪으며 느낀 것은 부정적인 사람들은 잘 안 바뀐다는 것이다. 불평불만을 늘어놓는 사람들도 잘 안 바뀐다. 스스로 인식하고 바뀌려 노력하지 않는다면 바뀌기 힘들다. 항상 요구하는 사람들은 자기 것은 아까워하며 뭔가를 더 바란다. 하나를 줘도 감사함보다는 더 안 해주는지 바라는 마음을 더 많이 가지고 있음이 느껴진다. 물론 특별한 계기가 있으면 바뀌겠지만 대부분 끝없는 요구에 해결이 안 된다. 그리고 다른 사람에게 불평불만을 많이 해서 안 좋은 영향을 준다. 그리고 결국은 모든 면에서 불만만 갖고 그만두는 경우가 많았다.

요즘도 스스로 채워지지 않는 애정결핍 같은 문제로 부정적이고 불안해하는 친구들은 꼭 있다. 스스로 부정적인 사고에 빠져 술과 친구들과 시간 보내는 것으로 즐거움을 찾으려는 친구들도 꼭 있다. 지켜보는 입장에서 안타까울 뿐이다. 하지만 아무리 좋은 조언을 해줘도 무용지물이다. 우리는 우주의 끌어당김의 법칙에 의해 스스로 에너지를 끌어당긴다. 내가 갖고 있는 긍정에너지는 더 많은 긍정을 끌어당긴다. 그리고 부정적이고 불안하고 두려움을 많이 갖고 있는 사람은 그로 인해 더 힘든 상황을 스스로 만드는 것이다.

〈비즈니스인사이더〉 독일판 편집자 존 스탠리 헌터는 "부정적 생각을 하는 사람과 함께 있는 시간이 길면 길수록 당신도 같은 사람이 돼 갈 것"이라고 말한다. 또 부정적인 사람과 자주 만난다면 전염되어 나의 건강과 운도 안 좋게 만든다. "부정적 사람과 있으면 수명도 줄어든다."라는 말도 있다. 다양한 학술지에서는 냉소주의자가 모인 집단은 그 반대집단보다 심장병에 걸릴 가능성이 컸고, 치매에 걸릴 위험도 더 높다고 한다. 누구나 알만한 얘기를 해줘도 못 바꾼다는 것은 바뀌기 싫지 않다는 것이다. 불만이 많거나 매사 부정적인 사람은 몇 번 기회를 갖고 안 바뀔 경우는 일찌감치 각자의 길을 가는 게 낫다는 판단이다. 바뀔 것을 기대하고 시간을 오래 끌다가는 오히려 다 힘들어질 수가 있기 때문이다. 초등학생도 아니고 성인의 사고방식을 바꾸기는 쉽지 않다.

자신이 스스로 노력하지 않는다면 타인이 적극적으로 바꾸어 주기는 어렵다. 오히려 잘못하면 조언자마저 부정적 감정에 휩싸일 수 있기 때문이다.

긍정적으로 바뀔 수 있는 기회를 충분히 제공하고도, 진심어린 조언이 통하지 않는다면 차단해야 한다. 내 인생에서 멀어지게 하는 것이 최상이라 생각된다.

내 인생에 부정적인 사람은 거리를 두는 것이다. 지속적인 부정적인 생각과 메시지로 나를 머리 아프게 하는 사람은 내 인생에서 차단하는 것이 최선이다.

당신은 혹시 부정적인 사람을 가까이 하고 있지는 않은가? 나의 드림 킬러를 차단하라.

6
·
·
·

내 생각을
강력하게 주장한다

우리는 세상을 살아가는 관점에 따라 완전히 다른 삶을 살아간다. 그리고 다르게 살아갈 수 있다. 아주 부유한 집안의 자녀나 사람들은 '세상은 누리며 사는 것이다.'라고 생각할 것이다. 부족함 없이 풍족한 환경에 있다 보니 '당연히 있는 것을 누리면 된다.' 생각하게 될 것이다. 그리고 하고 싶은 게 있으면 쉽게 도전할 것이다. 그만큼 부유한 사람은 꿈꾸기도 쉽다. 그리고 이루기도 쉽다. 부유한 환경으로 다른 신경 안 쓰고 내가 목표한 것만 매진하면 되니까.

가난한 사람들은 세상을 헤쳐나가는 또는 살아내는 과업으로 생각할 것이다. 또는 '이루어 나가는 목표다.'라고 생각할 수도 있다. 가난한 사람은 없는 데서 시작하는 '무에서 유를 만드는 것'으로 느낄 수도 있다. 그렇게 자신의 주어진 환경에 따라 세상살이가 고달프기도 하고 누리는 세상이 될 수도 있다.

나는 부모님이 가난해서 변두리 연립주택에서 어린 시절을 보냈다. 그 시절 다들 어렵게 살았다. 그럼에도 다들 열심히 살았다. 동네마다 어린 아이들이 많았다. 그때는 동네서 뛰어노는 어린이들도 참 많았다. 우리나라 전체가 잘 못살던 시절이었다. 지금도 내가 어릴 때보다 못한 가정도 있을 것이다. 그 시절은 가난했지만 다들 순박하고 순수함이 더 많았다. 때로는 그 시절이 그리울 때도 있다. 때 묻지 않은 순수함의 시절.

어릴 때 우리 부모님은 첩첩 산골 경남 함양의 가난한 시골에서 먹고 살기 위해 부산에 일자리를 찾아오신 것이었다. 돈 한 푼 없이 먹고 살기 위해 숟가락만 가지고 오신 부모님은 많은 자녀를 키우며 수없이 힘든 상황을 겪으며 살아내셨다.

부모님은 고생, 고생하셔서 연립주택을 자가로 소유하신 알뜰한 분들이셨다. 많은 자녀를 키우며 아끼고 아끼며 더 나은 삶을 위해 열심히 살아내셨다. 몸을 아끼지 않으셨고 어린 자녀를 먹이고 키우는 소명으로 이일저일 다 해내셨다. 정말 존경스럽다. 그렇게 부모님은 젊어서부터 열심히 노력하셨다. 가진 것은 없어도 사랑으로 키우셨다. 워낙 가진 게 없다 보니 쉬지도 않고 누리지도 못하고 힘겹게 살아내셨다. 지금 연세가 많으신 우리엄마는 그래도 그 시절을 추억하시며 제일 좋은 시절이라 하신다. 나와 우리 형제들도 갖고 싶은 것, 하고 싶은 것을 못하며 살기 바쁜 부모님 밑에서 꿈도 없이 컸다.

그렇게 나는 가난한 동네의 일부로 살았다. 부가 부를 낳는다고 주위에 부유하게 잘사는 사람이 있어야 부자의 꿈도 갖는다. 부유한 환경에서 살아온 사람은 누구나 다 부자로 사는 줄 알 것 같다. 또 훌륭한 사람이 주위에 있어야 저렇게 되고 싶다 생각할 텐데 너무 몰랐다. 어떤 사람이 될 수 있는지. 아무 생각 없이 컸다. 어려운 시절 많은 사람은 책으로 위인도 되고 훌륭한 사람이 되는데 나는 책읽기에 영 흥미가 없었다. 그렇게 나를 한계 짓는 삶을 살았다.

책에는 더 많은 훌륭한 사람이 있다. 더 많은 부를 이루는 법, 꿈을 이루는 법 등이 다 나와 있는데 몰랐던 것이다. 책은 관심 밖이었다. 지금 생각하면 참 안타깝다. 너무 무지해서 한치 앞만 보고 사는 것이다. 삶은 스펙이나 학력, 학벌은 결코 중요한 게 아니다. 하지만 책에서 삶의 경험과 지혜를 얻는 현명함을 가져야 한다. 그리고 한치 앞만 보는 삶이 아닌 큰 꿈을 이루어내는 창조의 삶을 사는 것이다.

그렇게 나는 아는 게 많이 없다 보니 어릴 때는 시키면 시키는 대로 살았던 것 같다. 그런 나는 크면서 안정된 직업을 가지는 꿈을 꾸었던 것 같다. 성실한 부모님 밑에서 풍족하지 않아도 화목하게 살았고 가족 모두 알뜰한 삶을 이어왔다.

나는 직장생활이 답답하게 느껴져 일찍 전문기술직을 선택하였다. 먼저 시작한 언니들의 권유와 비전을 보고 선택했던 것이다. 그렇게 미용사라는 직업을 가지게 되었다. 그리고 나는 일찍부터 개인 매장을 하고 개인 사업을 하게 되었다. 그러면서 아무래도 직장인보다는 사고가 넓어졌다. 남이 시키는 일이 아닌 주도적인 일을 하게 된 것이다. 직접 하나에서부터 열까지 다 알아서 해야 하니 삶도 주도적으로 바뀔 수 있었다. 그리고 많은 직원들과 동료들이 함께하는 매장을 하다 보면 신경 쓸 것도 많았다. 잘하기 위해 많은 노력을 기울였다. 많은 사람과 함께 할 때는 다양한 의견이 나와서 정확한 목표와 생각을 갖지 않으면 배가 산으로 갈수도 있기 때문에 더 심사숙고했다.

모든 사람의 의견을 다 들어줄 수도 없다. 그렇다고 마음대로 할 수도 없어 더 신중해진다. 잘못하다가는 이것도 저것도 안 되는 경우도 종종 있다. 결국은 자영업도 오너가 책임져야 할부분이 크다. 그래서 내가 생각한대로 강하게 추진했을 때 성과는 확실히 나왔다. 함께하는 사람들도 더 믿고 잘 따르는 것 같다. 그렇게 나는 내가 하는 일이 나의 성향을 많이 바꾸는 계기가 되었다. 마냥 조심스럽고 소심하게 느껴지던 나도 강단 있는 오너로 운영을 할 수 있었다. 중간 중간 시행착오도 있었지만, 책임감이 그렇게 만드는 것이다. 그리고 나는 내 생각을 강하게 주장할 줄 아는 사람이 되었다.

삶은 죽을 때까지 배움의 연속이다. 사람들은 나이가 들고 시간적 여유가 많이 생기면 책을 많이 봐야지 생각한다. 하지만 막상 나이가 들면 눈이 나빠서, 힘들어서 책이 안 봐진다고들 한다. 잠시만 봐도 머리가 아프고 힘든 것이다. 그리고 나이 들면 이곳저곳 아픈 곳이 많이 생겨 책이 눈에 안 들어오는 상황이 또 생긴다. 그래서 미루지 말고 지금부터 흘려 버리는 시간을 잘 관리해야 한다. 시간을 아끼고 여유 시간엔 책으로 내면을 채우자. 그때그때 즐기는 것에 안주하지 말고 배움에 투자하자. 술로, 밥으로 다 채우려 하지 말고.

미국의 전 대통령인 아이젠하워는 어린 시절 형제들과 카드놀이를 했다. 그런데 게임을 시작하는 첫 패부터 나쁜 패가 들어와 화가 나 카드를 집어던졌다. 그리고 그는 "내 패가 너무 나쁘게 들어왔으니 다시하자."라고 졸랐다. 그 상황을 지켜보던 그의 어머니는 형제들에게 카드를 내려놓게 하고 말했다.

"아이젠하워는 특히 잘 들어야 한다. 지금의 카드놀이는 앞으로 너희들의 인생과 똑같은 것이야. 카드놀이에 나쁜 패가 들어왔다고 바꾸어 달라 하지만 인생을 살다 보면 나쁜 패처럼 어렵고 힘든 시련이 꼭 찾아온다. 그렇다고 그때마다 피해갈 수는 없단다. 그때도 바꿔 달라 할 수 없는 거야. 그때를 지혜롭게 잘 넘겨야지 인생의 찬란한 해가 떠오르는 것이란다. 나쁜 패든 좋은 패든 그 패를 가지고 놀이를 해야 한단다. 나쁜 패가 들어 왔다고 불평만 해대면 냉정함을 잃고 무너지기 쉽게 되는 거야. 자, 이제 용감한 사람만 패를 잡고 다시 놀이를 계속하렴. 그리고 한 가지 진실은 패는 항상 나쁘게만 들어오지도 않으며 좋은 패가 들어오기도 한단다."

우리는 인생을 살아가면서 나에게 주어진 시련에 화가 나기도 하고 때로는 좋은 결과로 어쩔 줄 몰라 하기도 한다. 이처럼 인생도 살다 보면 내게 주어진 패를 보며 기뻐할 때도 있고 화가 날 때도 있다. 우리는 가난한 집에 태어날 수도, 부잣집에 태어날 수도 있는 것이다. 그것이 마음에 안 들어도 어쩔 수 없는 것이다. 또한 태어난 것과 상관없이 살아가면서 더 많은 상황을 맞닥뜨린다. 우리는 환경에 휩쓸리지 않고 내가 주도적으로 끌어가는 삶을 살아가야 한다. 주도적인 삶을 살다 보면 어려운 상황에서도 뜻밖의 기회와 성공을 만들어 또 다른 삶을 살아갈 수 있다. 기회는 언제든지 찾아온다.

항상 깨어 있는 의식을 갖기 위해 노력해야 한다. 그리고 내 삶에 대한 책임은 내가 지는 것이다. 아무도 내 인생을 대신 살아주지 않는다.

있는 그대로의 나 자신을 사랑하라. 그 안에서 하느님이 주신 내 안의 믿음으로 걸어 나가자. 하느님이 주신 우리의 창조능력을 발휘하기 위해 의식을 확장해나가자. 나를 한계 짓지 말자. 확장된 의식으로 내면을 더 채우며 실행해갈 때 내 생각도 강하게 주장할 수 있다. 기쁘게 내가 원하는 인생을 살아가자.

7

.

.

.

진짜 내가
하고 싶은 일 먼저 한다

오늘 저 멀리 창밖을 바라보면 잠시, 빠르게 지나간 나의 과거와 함께 애틋한 기분이 든다. 흐린 오후 저 멀리 카페 창밖 풍경과 함께 어떤 그리움이 신기루처럼 떠오르며 가슴에 애잔함이 느껴진다. 아마 마음 깊은 곳에서 느껴지는 그리움인 것 같다. 예전에도 가끔, 어릴 때의 나의 모습이 떠오르기도 했는데 과거는 중요하지 않기에 항상 떨쳐버렸다. 그럼에도 왜 가만히 창밖을 보면 애잔한 느낌과 함께 아주 어릴 때의 감정이 느껴질까 싶다. 그렇게 세월은 흘러가는 것이리라 싶다.

지금의 나는 시간을 자유자재로 쓰고 싶은 간절함이 있다. 우리는 시간을 아껴야 한다고 한다. 그렇게 나도 남들처럼 시간을 아끼며 열심히 앞만 보고 달려온 것 같다. 지나고 보니 내가 아낀 시간은 온통 일하는 데 다 들어간 것 같다. 그 오래 전부터 내려오는 관념과 함께 옆을 제대로 보지 못했다. 그리고 보이는 것이 다가 아닌 보이지 않는 내면의 중요성을 제대로 모르고 시간을 낭비하는 오류를 범했던 것 같다.

나는 그동안 열심히 매장 안에서 한 일을 뛰어넘어, 앞으로는 시간적 자유와 경제적 자유를 이루는 일을 하고 싶다. 지금은 책을 통해 내가 이루고 싶은 것을 이루어내는 법을 알아가는 즐거움에 빠져 있다. 시간적 여유가 생길 때마다 책을 읽고 지혜를 얻으려 노력한다. 그리고 실천해 나간다. 책에 보물이 있다는 이야기는 예전부터 내려오는 말이었지만 오랫동안 내게는 크게 와 닿지 않았다.

내가 하는 일이 항상 몸을 움직여 하는 일이다 보니, 하루 종일 일하고 나면 저녁이 되면 체력이 많이 떨어졌다. 나는 일하느라 몸이 지치고 피곤해서 책만 보면 바로 잠이 들곤 했다. 나는 내 주위 사람들이 잠이 안온다고 나에게 푸념하면 나는 책읽기를 권했다. 나는 책을 읽다가 한 장을 못 넘기고 잠들곤 하였다. 그러다 보니 누군가 잠이 안온다고 하면 책을 읽다 자라며 우스갯소리로 잠자는 수면제로 강력 추천했던 것이다.
하지만 몇 년 전부터 현실에서 답답함이 느껴지고 한계를 느꼈다. 그리고 책을 읽기 시작했다. 책은 이제 어릴 때와 다르게 내가 살아온 삶과 연결되면서 삶의 진리를 말해주는 보물 상자이다. 책에서 위안을 얻고 책이 전해주는 메시지에 눈뜨게 되었다.

나는 책에서 답답한 내 마음의 답을 찾기 시작했다. 그렇게 책을 읽으며 잠들어 있는 내 안의 거인이 깨어났다. 책이 삶의 지혜를 고스란히 전해준다는 것을 뒤늦게 알게 되었다. 그리고 여러 책에서 느끼지 못한 삶을 보는 또 다른 관점을 알게 되었다. 우리가 의식하지 않는 보이지 않는 세계, 잠재의식의 중요성을 알게 되었다. 형이상학자인 네빌 고다드의 저서 『네빌 고다드의 5일간의 강의』를 처음 읽었을 때는 정말 영혼을 흔드는 느낌을 받았다. 네빌, 그는 "나에게 주어진 유일한 과업은 나의 관념을 위대함으로 채우는 것뿐이다."라고 말했다. 그는 우리의 삶을 어떤 관점에서 살아가야 하는지를 말해준다. 그리고 압둘라의 또 다른 제자 조셉 머피, '잠재의식의 법칙'으로 유명한 철학, 법학박사인 그 또한 다양한 저서와 강연으로 잠재의식의 중요성을 설파했다.

닐 도날드 월쉬의 저서 『신과 나눈 이야기』에서 또한 나는 큰 영감을 받았다. 책에서 신은 '우리가 느끼는 '가장 고귀한 생각' 그것은 기쁨이 담겨 있는 생각이며, '가장 명확한 말' 그것은 진리를 담고 있는 말이며, '가장 강렬한 느낌' 그것은 우리가 사랑이라고 느끼는 바로 그 느낌이다.'라고 한다. 신은 우리의 결함들을 용서하고 두려움과 죄책감 속에서 살지 말라고, 항상 더 원대한 비전에 따라 살라고 한다.

나는 그들의 메시지에 너무나 확신한다. 나도 나의 경험을 통해 그들의 메시지에 삶의 진리가 있음을 온 몸과 영혼으로 느낀다. 나도 우리가 살아가는 데 있어 의식이 너무나 중요하다는 것을 안다. 내가 갖고 있는 생각을 바꿈으로 인생을 원하는 대로 바꿀 수 있다. 부도 마찬가지이다. 부를 갖고 싶다면 부에 대한 마인드부터 바꿔야 한다.

우리는 '너무 돈, 돈 하면 돈이 안 붙는다.', '돈을 많이 벌려면 열심히 해야만 한다.', '돈은 아무나 많이 가질 수 없다.' 등 오랜 시간 전해 내려오는 사회적 관습과 관념 때문에 부를 더 멀리하고 이룰 수 없는 쪽으로 잠재의식을 각인시켰다. 그런 잘못된 믿음이 우리를 더 가난하게 만든 것이다. 그리고 열심히 해도 겨우 밥만 먹고사는 서민에서 머물고, 가난한 상태에서 못 벗어나는 것이다.

우리는 잘못된 관념과 관습을 벗어던져야 한다. 보이지 않는 세상의 넘쳐나는 돈을 끌어다 쓸 줄 아는 새로운 관념을 채워야 한다.

내 삶의 목적은 부가 다는 아니다 하지만, 원하는 시간적 자유와 경제적 자유를 얻기 위해서 필요한 충분한 부를 누려야 한다. 내가 확신하는 가치만큼의 충분한 대가이다. 나는 시간적 자유와 경제적 자유를 간절히 바란다. 우리는 시간적, 경제적 자유를 함께 얻기 위해서는 부자로 살아야 한다. 풍요로운 부를 가지고 있을 때 시간자유, 경제자유를 이룬다. 그리고 부를 이루어 내는 법칙은 부자의 마인드로 생각하고 말하고 행동해야 한다. 나는 내가 충분히 부유하고 건강하고 더할 나위 없이 행복한 삶을 누리고 있다고 잠재의식에 각인하며 부유한 삶의 풍요를 생생히 느낀다. 나의 잠재의식을 바꾸는 법칙으로 내 삶을 내가 원하는 방향으로 바꾸어간다.

부자는 태어날 때부터 정해진 것이 아니다. 내가 하는 사소한 말버릇, 생각부터 교정하여 이루어 낼 수 있다.

"나는 매일 모든 면에서 점점 더 좋아지고 있다."
"감사합니다."

그렇게 나는 자유로운 생각과 풍요로운 꿈, 부유한 인생계획으로 대범하고 여유로운 삶을 살아간다. 내가 가지고 있는 모든 것에 감사한다. 매일매일 감사의 기도를 한다. 감사 기도는 가지고 있음을 생생하게 느끼는 것에서 비롯되는 것이다. 그리고 덤으로 더 많이 얻게 되었을 때는 더 많이 감탄하며 기뻐하며 감사를 표하는 것이다.

"어머나~ 너무 많이 주셔서 감사합니다."

"와, 이렇게 많은 덤을 주셔서 너무너무 감사합니다."

생생한 느낌의 에너지는 나에게 더 많은 부가 끌려오게 해준다.

우리는 의식을 확장해야 한다. 명확한 목표와 명확한 계획이 있어야 한다. 그리고 꿈꾸는 이상을 이루어진 결말의 시점으로 믿음을 갖고 실천하고 행동하는 것이다. 이루어 냈음의 기쁨과 촉감, 행복함을 그대로 생생하게 느낀다. 이제 인생의 전환점에서 삶의 가장 중요한 것은 내가 하고 싶은 일을 한다는 것이다. 그동안 오래된 사회적 관념과 관습에 의해 생각하고 행했다면 이제는 새로운 관념으로 채우는 것이다. 우리는 충분히 특별하기에 특별하게 잘 살아갈 권리가 있다. 자격이 있다. 이것은 나이에 상관없다. 스스로 두꺼운 알에서 깨어나올 때만이 가능하다.

확장된 의식으로 내가 꿈꾸기만 하면 다 이루어 낼 수 있다는 확신에서부터 시작하는 것이다. 나의 경험으로도 되고 싶은 것은 분명히 되었다. 또 다른 많은 사람들이 꿈을 이룬다. 무에서 유를 창조해낸다. 그렇기에 우리는 우리의 꿈에 한계를 짓지 말고, 의식을 확장하여 큰 꿈을 갖는 것이 중요하다. 작은 꿈을 꾸고 소박한 삶을 살 것인가. 그것도 나쁘지는 않지만, 같은 시간을 들인다면 큰 꿈을 향하는 것이 시간을 버는 것이 아닐까.

의식 확장으로 믿음으로 이루는 것이다. 새로운 관념 속에서 이루고자 하는 꿈의 이루어진 생생한 기쁨과 환희, 환호의 느낌, 촉감을 잠재의식에 각인시켜 이루어내는 것이다

이제 진짜 내가 하고 싶은 일을 먼저 하는 것이다. 삶의 경험과 지혜를 나누는 일을 하는 것이다. 그리고 모든 꿈꾸는 사람들이 풍요와 풍족함으로 평온한 삶, 진리의 삶을 살아가게 돕는 것이다. 우리 모두는 특별한 존재로 그럴 권리가 충분하니까.

8

·

·

·

나를 행복하게 하는
사람들과 관계 맺기

내일은 우리나라 국회의원 선거 날이다. 팬데믹 속에서도 선거를 할
수 있다니 우리나라가 참 대단한 국가라는 자부심이 든다. 이번 선거는
팬데믹 속에서 사전투표율이 20퍼센트 대를 많이 웃도는 역대 최대 투표
율이라 한다.

어떤 여러 가지 요인으로 사람들이 빠르게 많이 찍었을 것이지만 암튼
어느 선진국보다 민주주의 참여율과 민주주의가 잘 이루어지는 것 같아
뿌듯하다. 이번 팬데믹 사태로 우리나라의 '빨리 빨리 문화'가 코로나 19
의 안전관리 · 확진예방을 여러모로 잘해내고 있는 장점을 보여 세계의
극찬을 받고 있다.

몇 년 전, 예언가들이 앞으로의 세상을 예언하는 유튜브를 보게 되었다. 그중에서 기억나는 한 가지는 앞으로의 세상은 전염병 등으로 세계 인구의 70퍼센트 정도는 죽고 30퍼센트 정도만 살아남는다는 것이었다. 그리고 지구는 대변환을 겪으며 이 세상이 천국과도 같이 바뀐다는 것이었다. 그때는 특별히 사람들끼리 말로 소통하는 것이 아니었다.

말하지 않고 의식으로 서로 소통하며 필요한 것을 끌어다 쓰며 모든 사람들은 평화와 행복만이 있는 세계를 예언했다. 나는 직감적으로 조만간 그런 세상이 올 것 같다는 확신과 신뢰가 느껴졌다. 그리고 우리는 지금 새로운 경험을 하고 있는 것이다.

당신을 행복하게 하는 사람은 누구인가. 나는 나를 행복하게 하는 사람으로 으뜸 가족이라 생각된다. 나는 한 번의 결혼 실패 이후 아직 결혼을 안 한 미혼이다. 우리 집은 부모님이 아들을 낳기 위해 계속 낳다 보니 1남 6녀의 대가족이다. 워낙 형제가 많아서 남들은 우리 형제 수를 들으면 깜짝 놀라 '헉'한다. 우리 부모님은 이제 연세가 많으시다. 그래도 다행스럽게 큰언니의 보살핌을 받으며 잘 계신다. 딸 부잣집 다섯째인 나는 거의 친구보다 언니, 동생과 더 많은 시간을 보냈다.

특이하게 우리 자매들은 같은 일을 한다. 그리고 다들 친정에서 멀지 않은 곳에 산다. 그래서 마음만 먹으면 자주 만날 수 있다. 우리는 만나면 농담 섞인 표현으로 '공장이야기'를 많이 한다. 형부들은 이해 못하는 우리끼리 잘 통하는 이야기인 것이다. 그렇게 오랫동안 같은 일을 하며 같은 어려움을 겪다 보니 서로 정보도 주고받고 고민도 얘기한다. 그렇게 우리는 가까이 살면서 자주 보는 가족이면서 절친한 친구다. 친구들보다 더 자주 보는 것이다. 이제 다들 나이 드니 막내부터 큰언니까지 다 같이 늙어가는 것이다. 그리고 나이가 들수록 우리는 서로 외모는 너무 많이 닮아간다. 그러나 우리는 성향도 성격도 다 다른 것 같다. 엄마는 우리가 어릴 때 여자 직업으로 미용이 괜찮다고 추천하셨다. 그렇게 엄마의 강력 추천으로 성격적으로 직장이 안 맞는다고 생각한 둘째언니부터 시작하게 되었다. 그리고 똑같은 일을 오랫동안 하다 보니 서로 고생하는 사정을 잘 알아 서로가 애틋한 마음을 갖는다.

우리도 어릴 때는 많이 부딪히고 티격태격했다. 서로 의견이 안 맞거나 하면 대화로 풀 줄을 모르고 자기주장만 하다 한바탕 하곤 했던 기억이 많다. 같은 일을 하며 가까운 곳에 있어도 요즘은 자주 못 본다. 각자 바빠서다. 그렇게 쉬는 날이 각자 달라서 많은 시간을 함께 하지는 못한다. 그래도 가까이 있으니 멀리 있는 사람들보다는 확실히 쉽게 자주 만날 것이다. 우리는 만나면 항상 반갑다. 그리고 시시콜콜 다 얘기 나눌 수 있어 참 좋다.

나는 언니들이 있어 제일 득을 많이 보는 것 같다. 언니가 많아 내 주위 대부분 사람들이 부러워한다. 그렇게 언니들은 동생인 나를 항상 많이 챙겨준다. 또 나의 여동생도 성격이 워낙 쾌활하고 거침없어서 신중하고 살짝 소심한 편인 나를 잘 챙겨 준다. 그렇게 나는 가족들과 있을 때 제일 마음도 편하고 즐겁다. 아마 거의 모든 사람들이 그러리라 생각한다.

나의 행복은 사소한 것도 가족과 함께일 때 배가 된다. 그리고 좀 힘들고 지쳐도 가족을 생각하면 거뜬히 해낼 수 있다. 그렇게 가족은 나에게 힘을 실어주는 소중한 존재이다. 가족과 함께 나는 가장 행복하다. 소중한 우리 가족 모두가 하고 싶은 것, 되고 싶은 것, 가지고 싶은 것을 다 누리며 상상으로 이루어진 삶을 살아가길 바란다.

우리 모두는 잠재의식의 중요성을 알아야 한다. "빙산의 일각"이라는 말이 있지 않은가. 실체의 대부분은 보이지 않고 매우 작은 일부분만 노출되어 보이는 것을 말한다. 우리가 보는 것은 수면 위의 빙산이며 보이지 않은 수면 아래의 엄청난 빙산을 우리는 무시해서는 안 된다. 모든 우리의 삶은 '수면 아래의 빙산' 잠재의식으로 온전하게 내가 원하는 삶을 살아갈 수 있다.

빛나는 미래를 열고 싶다면 보이지 않는 것을 믿고 나가야 한다. 한계를 뛰어넘는 삶을 살 수 있다. 현실은 내가 가지고 있는 생각만큼 이루어 낸다. 내가 얼마만큼 큰 꿈을 꾸느냐, 얼마만큼 나를 한계 짓고 생각하느냐에 따라 그대로 현실로 나타난다. 많은 성공한 사람과 부자들은 누구보다 이 법칙을 잘 이해하고 실천하고 있다.

나폴레옹 힐은 미국 버지니아 주의 외딴 산골마을에서 태어났다. 극심하게 가난한 가정에서 태어난 힐은 아홉 살 때 어머니를 여의고, 그에게 영감을 불어 넣어주는 새어머니를 만나게 된다. 새어머니는 늘 힐에게 "너는 역사에 이름을 남길 위대한 작가가 될 것이다."라고 말했다고 한다. 그리고 그는 앤드류 카네기와 기적 같은 만남으로 최고의 '성공학'의 대가가 되었다.

그는 30년 동안 수만 명의 성공한 사람과 실패자를 만나 연구하여 원하는 삶을 이루어내는 법을 밝혀낸 것이다. 그렇게 그는 완전한 육체적 자유와 경제적 자유를 획득하는 비법을 알아낸다. 그는 여러 권의 성공 철학과 자기 계발서로 많은 사람들로부터 존경받는 베스트셀러 작가이다. 그 시대 그의 성공철학서는 사람들로 하여금 미국의 대공황을 극복하는 원동력이 되었다.

그의 저서 『결국 당신은 이길 것이다』에서 힐은 우리에게 말한다. "당신에게 한계란 없다." 힐은 영원한 행복을 가져오는 성공철학과 실천 방법을 세상 사람들에게 전파한다. 힐은 성공한 사람들은 모두 의식적으로든 무의식적으로든 성공을 기대하고 요구하면서 최면리듬을 사용한다고 한다. 간절한 열망이 습관이 되고, 최면리듬이 그 습관을 지배하면, 조화로운 끌어당김의 법칙이 마음속으로 원하는 것들을 물리적 등가물로 바꿔놓는 것이라 한다. 힐이 말한 최면리듬이 바로 잠재의식을 활용하는 것을 말한다. 힐은 사람들이 인생을 자신이 원하는 것을 끌어당기기 위해 최면리듬을 이해하고 이용해야 한다고 말한다. 인간의 삶에서 영적, 정신적, 육체적 자유를 얻을 수 있는 7가지도 알려준다.

　　나는 나폴레옹 힐, 네빌 고다드, 조셉 머피, 웨인 다이어 등 많은 형이상학자와 성공학자들을 한국책쓰기협회 〈한책협〉의 김도사 님을 통해 더 깊게 알게 되었다. 김도사 님은 자신의 저서에서 작가가 되기 위해 20대의 7~8년을 죽을힘을 다해 고군분투하였다 한다. 그리고 작가가 되어 엄청난 노력으로 200권이 넘는 책을 썼다고 한다. 그리고 지금으로부터 7~8년 전에 네빌 고다드등의 형이상학을 제대로 이해하고 실천하면서 인생이 바뀌었다고 한다. 지금은 김도사 님은 150억 자산가이며 세계 최강의 책 쓰기 코치이다. 나는 우연히 김도사 님을 알게 되고, 만나면서 김도사 님의 생생한 경험과 김도사님이 배출한 많은 성공한 작가들을 보고 잠재의식의 중요성과 최면리듬의 중요성을 더 확신할 수 있었다.

지금 나는 김도사 님과 함께 네빌 고다드, 조셉 머피, 웨인 다이어, 나폴레옹 힐, 브렌든 버처드, 루이스 L. 헤이 등 많은 형이상학자와 성공철학자들을 너무나 사랑한다. 그리고 함께 같은 길을 걸으며 〈한책협〉에서 책 쓰기 공부를 하는 동기를 비롯한 선후배분들과 코치님들까지.

함께 의식을 확장하고 상상으로 이루어낸 풍요와 성공, 부를 생생하게 느끼며 결말에서부터 믿음으로 걸어가는 의식이 깨인, 내 안의 거인을 깨우고 풍요의 삶을 사는 주위의 모든 분들과 함께 하는 길이 너무나 행복하다.

이제 삶의 풍요를 누릴 더 많은 의식이 확장된 사람들과 행복을 나눌 것이다.

5 장

언제나 행복하기를 선택하라

1

.

.

.

언제나
행복하기를 선택하라

　요즘 감염병 코로나로 세계적으로 경기지수와 함께 행복지수까지 떨어지는 것 같다. 자영업의 매출지수도 코로나 전과 후가 확연히 차이난다. 다양한 분야에서 코로나로 발생할 변화를 얘기한다. 불과 몇 개월 전에는 상상할 수 없던 일이 일어나면서, 일상의 모든 것이 흔들리고 있다.

　아무런 예고도 없이 우리의 일상을 덮친 바이러스로 세상도, 일상도 다 바뀌었다. 얼마 전에 누리던 평화롭고 아름다운 세상이 많이 그립다. 무심히 살아오던 소소한 일상의 행복을 빨리 찾고 싶다. 삼삼오오 웃음을 가득 머금은 얼굴의 인파들, 점심시간 맛집 골목에 북적이는 사람들, 은행의 번호표를 뽑고 기다리는 많은 사람들.

햇빛 좋은 거리를 친구들끼리 테이크아웃 커피를 들고 귓속말하며 어울리던 시간들을 다시 빨리 누리기를 바란다. 빨리 코로나가 사라지고, 꽃 만발한 아름다운 곳에 예쁜 옷 차려입고 핸드폰 카메라를 눌러대며 서로 사진 찍어주며 모여 즐기기를 바란다. 이 모든 사소한 즐거움이 벌써 몇 개월째 제자리걸음이다. 이토록 항상 누리는 소소한 일상이 중요하리라고는 짐작도 못했다. 이제 우리의 삶도 예전과는 다른 관점으로 이루어질 것이다. 어제 그렇게 별거 아니라 생각한 일상이 이렇게 그립고 소중하게 다가오는지 그동안의 삶을 되돌아보게 된다. 지금의 이 위기가 잠잠해지고 세상에서 코로나는 사라지고 평화가 온다면 정말 중요한 것을 놓치지 않는 삶을 살아야 한다.

서로 응원하고 격려하며 축복하는 사람들과 더 많은 관계를 맺는 것이다. 우리는 혼자 살아갈 수 없다. 서로 사랑하며 삶을 공유하며 더 큰 행복을 만들어 간다. 함께여서 더 즐겁고 기쁨은 배로 된다. 내가 좋아하는 사람들, 나를 좋아하는 사람과 더 많은 시간을 함께 해야 하는 이유이다. 그리고 함께 꿈꾸는 사람들과 더 많은 것을 누리고, 함께 이루어나갈 사람들과 소통하며 즐거움과 행복함을 만끽하는 것이다. 서로 힘들게 하는 사람, 나의 꿈을 갉아 먹는 사람, 나의 꿈을 무시하는 사람, 나의 미래를 비웃는 사람과 멀리 하는 것이다. 나는 그동안 가족과 나를 위해 열심히 살아왔다. 나의 마음은 항상 나를 가리키고 있지만 또 다른 나는 가족을 더 많이 생각하게 한다. 항상 내가 먼저이고 그 다음이 가족인 것이다. 한번 뿐인 내 인생, 이제 제일 먼저 내가 행복해지기를 선택하려 한다. 내 인생이 정말 행복해질 수 있는 것에 초점을 맞추고 싶다. 내가 정말 하고 싶은 일, 꿈꾸는 일에 초점 맞춰 살아가기로 한다.

내 마음 깊숙이 나의 소망은, 내가 가장 '나답게' 행복하기를 바란다. 이제 세상을 살아가는 관점도 바뀌게 된다. 마냥 시간이 넉넉하지만은 않다. 내가 행복해지기를 더 이상 미루지 말자. 언제 또 내가 누리는 일상이 침해당하며 그리움으로 다가올지 모르기 때문이다. 그렇게 온전히 나의 행복을 선택하는 것이다.

우선 내 내면이 하고 싶은 것에 귀 기울여야 한다. 나의 내면은 우물 안 개구리를 벗어나길 원한다. 우연히 마음을 다스리는 책을 접하게 되면서 한동안 나를 성찰하는 책을 많이 읽게 되었다. 그리고 또 다른 차원의 이상적인 삶, 상상으로 이루어 내는 삶을 살아가고자 한다.

나는 몇 해 전부터 오로지 나에 대해 집중하고 싶다는 간절한 꿈을 꾸었다. 그런데도 나의 간절한 꿈은 어디서부터 실마리를 풀어야 할지 모르고 잊혀 가고 있었다. 그러다 우연찮게 듣던 유튜브 채널의 연결로 〈김도사TV〉를 시청하며 방향성을 일부 찾게 되었다.

내가 행복해지기 위해서는, 첫째, 의식을 확장하고 내가 하고 싶은 일에 도전해야 한다. 그렇게 듣게 된 김도사님의 열정적 강의에 매료되어 빠져서 듣다가 정말 내가 정말 원하는 메시지를 듣게 되었다. 내가 고민한 1인 창업의 길에 대해 열강하는 김도사 님은 "현재, 그리고 미래 우리가 해야 할 일은 1인 창업이다."라고 강조해서 말한다. 그렇게 내가 궁금하고 가려운 부위를 열정적 강의로 긁어주는 김도사 님을 드디어 만난 것이다.

최근 몇 년 전부터 나의 내면에서 욕망하는 것이 생겨났다. 매장을 하면서 느껴지는 한계를 나를 채우는 데서 찾아 나가야 함을 깨닫는다. 그동안 남을 위하고 가족을 위해서 일해왔다면, 앞으로 내가 행복하고 즐거울 수 있는 일에 집중하라 한다. 그리고 그것은 명확하게 나에게 다가온다.

나는 네빌 고다드의 책을 읽고 잠들어 있는 나의 영혼이 깨어남을 느꼈다. 네빌 고다드를 만나고 영혼의 울림을 느꼈다. 내가 미처 몰랐던 것에 눈을 뜨게 되었다. 그렇게 나의 심장을 요동치는 무언가를 발견한 것이다. 그것은 사람들의 의식이 유일한 실체라는 것이다. 우리가 상상하는 것은 그대로 현실이 된다는 것이다. 내가 상상하는 것을 이루어진 결말에서부터 시작하고 믿고 걸어나가는 것이다.

이 간단하면서도 심오한 진리가 나의 심장을 울리고 영혼을 흔든 것이다. 내가 가장 행복하게 살아갈 수 있는 길을 찾은 것이다. 그것은 내가 삶을 살아갈 목적과 진리를 사랑하는 모든 이와 함께 나누는 삶이다. 그동안 내가 한 우물을 파며 열심히 해온 일에 대한 답답함과 채워지지 않는 부족함을 비로소 깨달은 것이다. 이제 이것을 채워나가는 것이다. 지금 내가 하는 일에서 더 많은 여유 시간을 확보할 것이다. 그리고 내가 행복하고 즐거운 일에 더 많은 시간을 투자하기로 한다. 오로지 나를 위한 시간을 더 가지며 넘치는 행복을 누리고 나의 행복을 함께 나눌 것이다.

그렇게 나는 언제나 행복하기를 선택하며 몇 가지를 정리해본다.

하루를 감사하는 마음으로 시작하기.
긍정적인 확언으로 이루어가기.
잠들기 전 반드시 자기 계발서 필독하기.
잠들기 전 몽롱한 상태로 꿈을 이루어낸 결말에서 생생하게 느끼기.
하루 필사로 내면을 채우고 필력을 향상하기.
그리고 상상으로 이뤄낸 진리를 향해 믿음으로 걸어가기.
우리는 오늘 하루 그냥 살아가는 일상이 아닌 변화된 의식과 함께 급변하는 세상 속에 충만한 행복을 누리며 살자. 오늘을 감사하며 하느님이 주신 달란트를 어떻게 더 많은 달란트로 이루어낼지 고민해야 한다.

내가 이 지구별에 온 뚜렷한 목적을 잊어서는 안 된다. 내가 지구별에 온 것은 행복을 누리며 기쁨과 충만한 삶을 살기 위해서이다. 그동안 열심히 살아오면서도 정작 놓칠 뻔한 것을 찾아낸 것이다. 모든 것은 내가 언제나 행복해지기 위한 길이어야 한다.

이제 내가 진정 사랑하는 사람, 나를 좋아하는 사람들과 함께하는 행복과 내가 상상으로 이루어낸 꿈꾸는 삶과 그리고 더 많은 여유 시간을 꿈꾸며 즐기는 삶, 함께 나누는 행복의 삶을 언제나 선택하기로 한다. 그리고 언제나 행복해지기를 선택한다.

이제 당신도 나와 함께 언제나 행복하기를 주문하라!

2
.
.
.

나에게 더 많은
시간을 쓰기로 하라

팀 페리스 저서 『나는 4시간만 일한다』, 몇 년 전, 내가 바라는 삶이라 제목에 끌려 산 책이다. 책 표지에는 '디지털 노마드시대 완전히 새로운 삶의 방식'이라고 적혀 있다. 내 인생의 새로운 패러다임이 필요한 시점 이 책은 내 눈을 사로잡는다. 나도 최소한만 일하고 원하는 대로 살기를 바란다. 바로 내가 원하는 삶의 시간활용법인 것이다. 하루 4시간만 일 한다는 것은 지금의 나로서는 정말 멋지게 느껴진다. 일의 노예가 되고 싶지 않은 나는 "멋지다."라는 말이 절로 나온다. 표지도 강렬한 오렌지 색깔로 내 마음에 쏙 드는 컬러로 나를 붙잡는다.

저자 팀 페리스는 미숙아로 태어나 프린스턴대학을 다녔다. 일확천금을 꿈꾸고 햇빛 찬란한 캘리포니아로 이주해 14시간을 일하고도 해고당하는 비운을 맛본다. 이에 굴하지 않고 창업하여 한 달에 4만 달러의 수입을 얻는다. 하지만 그는 쉬지도 못하고 하루 12시간씩 일하다 새로운 삶을 위해 전략을 짠다. 그렇게 살고 싶은 곳에서 살며, 일하고 싶을 때 일하며 하루 4시간 일하고 월 4만 달러를 버는 신기한 일을 만든다. 그리고 그는 지금도 프린스턴 대학에서 '기업가 정신'을 강의하며 성공적인 작가와 투자자의 길을 걷고 있다고 한다.

팀 페리스는 "시간으로부터 자유로워지면서도 수입은 저절로 생기게 하는 것"을 말한다.

그동안 나의 시간은 일에 맞춰져 있었다. 그리고 나의 삶의 기준이 나도 모르게 가족 중심이었던 것 같다. 그러다 보니 자연스럽게 나에게 투자되는 시간은 미처 갖지 못했던 것 같다. 모든 삶의 중심을 나에게 두고 나를 기준으로 시간도 일도 사랑도 이루어져야 함을 간과했던 것이다. 나는 많은 시간을 일하는 시간으로 보냈다. 나의 일터는 고정된 공간으로, 매장 안에서 일하고 있다. 내가 좀 더 즐거운 시간을 보내기 위한 다양한 생각이 떠오른다. 그리고 벌써부터 일하는 시간을 줄여야 함을 느꼈다. 이제 인생 후반을 위해 느끼고 생각한 전략을 짜야 될 시점인 듯하다. 나를 위해 더 많은 시간을 활용하기로 한다.

한때 나는 일하는 시간이 많아지면서 내가 저녁형 인간인 줄 알았다. 아침잠이 좋아 늦게까지 자면서 찬란한 태양이 떠오르는 것을 놓쳤다. 그리고 새벽의 조용하고 고요한 맑은 공기의 신선함을 누리지 못했다. 그렇게 나는 저녁형 인간이라 그런 것으로 받아들였다. 그러나 나의 생각이 바뀐 적이 있다.

내가 7~8년 전 몸이 아플 때였다. 6개월간의 수술과 항암치료를 하면서 쉴 때이다. 아파서 본의 아니게 휴식을 갖게 된 것이다. 얼마만의 쉼이었는지. 뜻하지 않은 투병이었다. 그럼에도 암수술과 항암치료는 잘되었다. 이제 운동하고 건강식을 하면서 휴식이 필요한 시점이었다. 그렇게 반강제적으로 쉴 수 있는 기회가 마련된 것이다. 우리는 왜 그리 일에 미쳐 아프지 않고는 쉴 시간을 마련하지 못하는 것일까. 스트레스가 나를 좀먹는 줄 알았지만 일에서 손을 뗄 수 없었다. 내가 쉬고 싶다고 하던 일을 일제히 멈출 수가 없었다. 책임지고 돌봐야 할 가족이 있었다. 일하기 위해 태어난 듯 일한 것 같다.

인간이란 참 이해할 수 없는 족속들이라……. 참 미련하기 그지없다고밖에 할 말이 없다. 크게 아프고 나서야 일을 놓고 쉬었다. 그때 나는 건강회복을 위해 푹 쉬면서 아침 일찍 일어나는 아침형 인간이 자연스럽게 되었다. 아침형, 저녁형 그런 건 처음부터 없다. 체력이 고갈되어서 못

일어날 뿐이었다. 그렇게 쉬게 된 나는 아침마다 해운대 동백섬을 4~5바퀴를 걷기도 뛰기도 했다. 나중에는 10바퀴 정도를 걷거나 뛰었다. 몸이 피곤에 지쳐 있어 그동안 저녁형으로 분류되었던 것뿐이었다. 피로가 풀어진 나는 저절로 아침 일찍 일어나는 아침형 인간이었다. 그리고 더 많은 시간을 나를 위해 쓸 수 있었다.

우리는 하느님의 특별한 존재로 태어났다. 우리는 결코 성인이 되어 일만 하기 위해 태어난 것이 아님을 명심하자. 우리는 일하는 시간으로 보내는 시간이 너무 과하다. 사회 시스템이 우리를 일로 몰아세우거나 일만 하다 피로가 쌓이게 만든다. 일을 줄여야 한다. 근무시간을 줄여야 한다. 그 대신 일하는 동안 임팩트 있게 일하는 것이다. 그리고 많이 벌어들이는 시스템을 갖는 것이다. 세상에는 돈도 널렸다. 내가 갖고 싶을 만큼 다 가지고도 돈은 넘친다. 일하고 돈 받는 데 있어 당당하자. 가치 있는 것에는 지불하는 데도 아끼지 말자. 나의 시간을 투자하고 가치를 알아주는 돈을 지불받자. 이런 선순환이 이루어진다면 누구든 더 많은 내 시간을 쓸 수 있는 시간을 확보할 수 있다. 이것은 널리 홍익인간을 이루는 일이다.

여러 가지 사회시스템을 구축하여 저가공세와 과다한 경쟁으로 돈에 시간을 뺏기는 일이 사라지기 바란다. 우리 모두의 높은 삶의 질을 누리는 시대가 빠르게 오기를 바란다.

　기존에 내가 갖고 있는 개념을 바꿔야 한다. 모든 것은 어떤 관념을 가지고 행하느냐에 달렸다. 그동안 사회적 관념에 발 묶여 있었다면 이제 내가 나를 위한 새로운 플랫폼을 짜는 것이다. 나는 가장 먼저 가볍고 쉽게 접근하는 법을 시도하기로 한다. 일하는 시간 외의 시간을 나를 위한 시간으로 사용하는 것이다. 나는 책 읽기와 책 쓰기로 매장 안의 여유 시간을 나를 위해 쓰는 것이다. 시간 낭비를 줄이는 것이다. 여유 시간을 활용해서 내 시간으로 채우는 것이다. 나를 행복하게 하는 시간을 늘려가는 것이다.

　오늘도 매장 밖 사람들은 바쁜 걸음을 재촉한다. 퇴근시간 어둑해지는 저녁하늘을 뒤로 하고 둘이 셋이 바쁘게 지나간다. 창밖 분위기가 분주하다. 차량들도 집으로 향하는지 라이트를 밝히며 급하게 지나간다. 코로나가 기승을 부리는 매일매일의 시간이 조금씩 아주 조금 누그러지는 듯하다. 우리에게 똑같이 주어진 24시간을 어떻게 쓰느냐에 따라 삶은 질적으로 달라진다. 누군가는 24시간을 48시간처럼 여유롭게 사용할 것이다.

　나는 그동안 내가 쓴 나의 시간 개념을 조금 더 명확하게 하는 게 필요한 듯하다. 더 많은 시간을 나를 위해 투자하고 쓰기로 한다. 그중에 나의 내면을 채우는 데 더 많은 시간을 할애해야 함을 느낀다.

"사는 대로 생각하는 것이 아니라 생각하는 대로 산다."라는 폴 부르제의 말처럼 시작인 것이다. 나의 내면을 부와 풍요, 이뤄냈음의 감사함으로 채워나가는 것이다. 모든 것을 갖고 있어서 행복하게 쓸 수 있음의 기쁨으로 채우고자 한다. 모든 것을 내가 내 안의 자신감, 당당함으로 기쁘게 누리는 것이다. 첫째, 나의 시간활용법은 퇴근 후 2시간 등 자투리 시간을 더 많이 내 시간으로 쓰는 것이다. 버려지는 시간을 아끼는 것이다. 내가 행복해지는 데에 더 많은 시간을 쓰는 것이다. 내 인생에 짊어진 쓸데없는 어깨의 짐을 좀 내려두자. 그리고 지혜롭게 행복해지는 시간을 많이 가지는 것이다.

"우리가 어느 날 마주칠 재난은 우리가 소홀히 보낸 어느 시간에 대한 보복이다."라고 나폴레옹은 말했다. 쓸데없는 말장난이나 멍하게 남의 SNS 들여다보기로 시간을 낭비하지 말자. 머지않은 미래의 나를 위해 더 많은 시간을 투자하는 것이다. 나는 나를 위해 자기 계발서를 읽고 실천하기로 한다. 너무 즐겁게 많은 시간을 투자한다. 하느님이 주신 내가 이루어내는 창조를 위하여. "성공이란 결국, 내가 하고 싶은 일을 할 시간을 갖는 사치를 누리는 것이다."라고 레오나인 프라이스는 말했다. 그렇게 나를 위해 취미며, 운동이며, 자기 계발에 더 많은 시간을 쓰는 사치를 누리겠다.

내가 살아 있음을 온전히 느끼는 새로운 꿈을 꾸는 것이다. 나를 위해 더 많은 상상을 할 시간을 갖자. "우리는 꾸준히 계속해서 상상하는 것만으로도 모든 것을 이룰 수 있다."라고 네빌 고다드는 말한다. 나를 재창조하는 것이다.

독일의 피아니스트이자 지휘자 크리스토프 에센바흐는 말한다. "시간을 지배할 줄 아는 사람은 인생을 지배할 줄 아는 사람이다."

그동안 남과 함께 의미 없이 어울리는 데 또는, 일을 너무 많이 하는 데 시간을 많이 소비했다면 나를 위해 시간을 더 많이 갖자! 그리고 언제나 행복한 삶으로 가득 채우자.

경제적 풍요를 누리며 심리적으로 평안하고 안정된 인생을 사는 행복한 삶을 살기를 선택하자.

진정한 자아를 찾아 여행하는 심바

디즈니 영화 〈라이온 킹〉은 아버지를 잃고 삼촌에 의해 왕의 자리에서 쫓겨난 '심바'가 '날라'와 친구들과 함께 진정한 자아와 왕좌를 되찾기 위한 위대한 여정을 보여주는 전설의 대작이다. 이 영화에서 왕 무파사는 어린 아들 심바에게 전한다. 무파사는 아들에게 "네 안을 들여다보렴. 넌 네가 생각하는 것보다 더 큰 존재란다."라고 전한다. 이는 우리 모두가 살아가면서 크고 작은 문제에 직면하게 되고 거기에서 상처받거나 자존감이 낮아지는 경우가 많다. 우리는 우리가 생각하는 것보다 더 크고 훌륭한 존재임을 말한다. 또 무파사는 아들 심바에게 "새로운 세상, 너의 시대가 올 것이다."라는 명대사로 현대를 살아가는 우리에게 심장을 뛰게 하는 큰 감동과 울림을 준다.

3
·
·
·

똑똑하게 일하는
행복주의자가 되다

    우리들은 때때로 말한다. "인생 열심히 살 필요 없다."라고. 나는 말하고 싶다. "즐기는 삶을 살자."라고. "천재는 노력하는 자를 이길 수 없고 노력하는 자는 즐기는 자를 이길 수 없다."라는 롤프 메르쿨레의 명언처럼. 그리고 똑똑하게 일한다는 것은 많은 스펙을 갖거나 많은 공부를 하는 것이 아니라 본다. 얼마나 즐겁게 일하고 인생을 즐기느냐의 문제인 것이리라. 이 아름다운 세상을 얼마만큼 누리며 사느냐가 중요한 것 아니겠는가.

    나는 그동안 열심히 일했다. 그렇지만 결과는 그렇게 만족스럽지는 않다. 후회도 밀려온다. 열심히는 했지만 열심히 한 것의 끝을 알 수가 없다. 삶은 변화무쌍하다. 열심히 어디로 가는지 모르고 걸어왔듯, 끝 또한 어떤 느낌일지 살아봐야 알 것이라는 생각이 든다. 그동안 열심히 해서 부족한 것 없이 잘 먹고 잘 살아왔다. 하지만 내면은 더 많은 것을 꿈꾼다. 그리고 '앞으로도 지금처럼 살기 위해 또 열심히 해야 하나?'라는 의문이 들었다. 어릴 때는 내가 세상을 잘 모르는 상태에서 막연히 세상을 따라, 남들 따라 살았다. 그렇게 따라 살았더니 그냥 딱 그만큼으로 살아온 것 같다. 크게 흥분되거나 우뚝 솟은 느낌 없이 평탄하게 나아가며 온 것 같다. 평탄하게 살았다는 것은 어떻게 보면 잘 살아온 듯 착각에 빠지게 된다. 그렇게 살고 나아온 것은 내 나이 사십대 후반을 향하니 위기감으로 다가왔다. 모든 것이 다 발전하고 변화하는 데 발전 없이 나아간다는 것은 결국은 조금씩 뒤처지고 있음이라 생각되는 것이다.

뒤돌아보니 최근 몇 년간 아무 생각 없이 열심히만 살았다는 생각이 든다. 이제 인생 중반을 점검하고 채워나가야겠다는 생각이다. 너무 나태했던 것은 아닌지, 아니면 지쳐 아무 생각 없이 여기까지 온 것은 아닌지 자책하게 된다. 그리고 변화의 필요성을 느끼고 책읽기를 시작했다. 나의 손길과 눈길이 가는 책은 대부분 자기 계발서이다. 나는 특별한 존재인데 특별하게 살아가고자 나를 찾아가는 책을 갈망하는 것이다. 그리고 어릴 때 보지 못했던 책에서 삶의 진리를 발견하게 되었다.

일에 대해서도 또 다시 생각하게 된다. 이제는 일을 위한 일을 해서는 안 된다. 나를 위한 최소한의 일을 해야 한다. 그리고 더 많은 시간을 나의 내면과 소통하는 시간을 가져야 한다. 아침부터 밤늦게까지, 잠자리 들어서까지 나와 소통하고 내면을 들여다봐야 한다. 내면의 나에게 귀 기울여야 한다. 그리고 어디로 가기를 원하는지 묻고 생각해야 한다.

이 시대 최고의 형이상학자 네빌 고다드는 '상상이 현실을 창조한다'는 상상의 힘, 잠재의식의 힘, 믿음의 법칙을 말한다. 네빌은 저서 『임모 틀맨 I』 "당신은 상상의 힘을 이용해서 자신의 환경을 바꿀 수 있다. 상상력을 이용해서 큰 부를 얻거나, 유명해지거나 하는 일들을 할 수 있다. 그러나 당신 존재의 진짜 목적은 약속을 성취하는 것이다."라고 한다. 그것은 진리의 삶을 사는 것이다.

이제 나는 진리를 실천하는 삶을 살기를 원한다. 그 진리는 나의 창조 능력을 발휘하는 삶을 사는 것이다. 상상으로 이루는 삶과 함께 진리를 나누는 삶을 사는 것이다.

나는 올해에 엄청나게 열정적으로 즐겁게 사는 분을 만났다. 그분은 한국책쓰기협회〈한책협〉의 김도사 님이다. 김도사 님은 20년 동안 200권이 넘는 책을 쓰고 1000명이 넘는 작가를 배출한 책쓰기 코치분야의 세계최강이다. 그리고 사람들의 의식을 고양시켜 창조의 삶을 살게 하는 메신저이다. 김도사 님을 통해 작가가 되고 퍼스널 브랜딩 한 유명 유튜버들이 많다. 김도사님 자신도 의식 확장과 잠재의식을 깨닫고 8년 만에 150억 자산가가 되었다고 한다. 그리고 옆에서 지켜본 김도사 님은 하루를 24시간이 아닌 48시간으로 즐겁게 사는 분이다. 정말 대단한 열정가이며 성공한 사람이다. 큰 부를 이루는 일을 꿈과 희망으로 즐기고 나누는 삶을 사는 것이다.

똑똑하게 행복하게 일한다는 것의 첫째가 일을 즐기는 데 있다고 생각된다. 그래서 김도사 님은 자신을 위한 삶과 다른 사람의 인생도 변화시키는 최고의 삶을 사는 존경받는 분이다.

나도 〈한책협〉의 김도사 님을 만나고 책 쓰기 과정을 공부하며 작가로 즐기는 삶을 살아가고 있다. 너무 기쁘고 행복한 시간들이다. 꿈꾸는 삶은 행복으로 넘친다. 내가 살아가는 소명을 이루어가는 삶을 산다는 것은 다른 무엇보다 중요하다. 꿈꾸는 일을 하며 힘들고 벅차더라도 지치지 않는다. 꿈꾸는 일은 열정을 쏟게 한다. 그래서 지금 〈한책협〉의 작가님들은 미래를 꿈꾸며 뜨거운 열정이 넘친다.

누구는 이야기한다. "지금 나이에 무슨 영광을 보려고 그렇게 열심히 하느냐고." 모르는 말이다. 꿈꾸는 것은 나이에 상관없다. 오히려 더 젊어지는 비결이다. 꿈꾸고 이루어나가는 행복이 젊게 살아가는 비법인 것이다. 그리고 더없는 행복을 가져다준다. 지칠 줄 모른다.

내가 일하는 곳도 젊음에도 불구하고 꿈이 있는 사람과 그렇지 않은 사람의 두 부류가 있다. 그 친구들을 보면 전혀 다른 하루하루를 보내고 있다. 꿈이 있는 친구들은 늘 활기차다. 열정이 넘친다. 끊임없이 자기계발하고 자신을 업그레이드 시키는데 시간과 노력을 아낌없이 투자한다. 그렇게 꿈을 향해 기회를 만들어간다.

그렇지 않은 친구들은 일하는 자세부터 확연히 다르다. '억지로 일하는' 노예근성으로 하루하루를 버틴다. 아무생각이 없는 표정과 몸짓으로 옆에서 보는 사람이 한심하고 안타깝게 느껴질 정도이다. 억지로 출근하여 하루의 시간을 낭비한다. 너무 안타깝다. 도대체 누구를 위해 일하는지 생각이란 걸 좀 하면 좋을 텐데. 일을 할 때도 열정이라고는 찾아볼 수도 없고 '꿔다 놓은 보릿자루' 같다. 그리고 불안한 표정과 함께 하루 종일 핸드폰만 만지작거리고 있다. 아무런 대책 없이 남의 SNS만 들여다보며 동경하는 듯하다.

직장에 일하러 온 건지 쉬려고 온 것인지 알 수 없을 정도로 핸드폰

SNS에 빠져 있다. 성공을 꿈꾸고 이룰 수 있는 황금 같은 시간을, 젊음을 낭비하는 경우가 많다. 주위 동료나 상사가 해주는 조언은 한쪽 귀로 듣고 흘려버린다. 오히려 잔소리로 듣고 기분 나빠한다. 이런 친구들은 전체 조직의 드림킬러 같은 존재이다.

그렇게 살다 보면 뜻대로 되지 않으면 바로 포기한다. 또 어려움에 부딪히면 노력하기보다 현실과 타협하거나 그저 남 탓, 환경 탓하고 포기해버린다. 안타깝다. 꿈은 특별한 사람만 꾸는 것이 아니며, 이룰 수 있는 것이 아니다. 꿈꾸기를 시도해보지도 않고 포기해서는 안 된다. 모든 분야에서 성공한 사람들은 꿈꾸기를 멈추지 않는다. 꿈꾸고 도전한다. 그리고 치열하게 노력하고 이루어낸다. 이루어진 결말에서부터 꿈꾸기를 바란다. 꿈꾸는 모든 과정의 재미와 즐거움을 만끽하기 바란다. 그리고 성취의 기쁨을 맛보자. 얼마나 달콤한지. 어떤 꿀이나 초콜릿보다 더 달콤하고 부드럽다. 이 부드럽고 달콤한 초콜릿과 꿀을 인생의 식빵에 발라 맛을 음미하며 내면을 살찌우자.

꿈꾸는 삶은 젊게 사는 최고의 무기이다. 행복한 삶을 살아가는 최고의 가치이다. 지금 아무리 가진 게 없어도 괜찮다. 확고한 꿈과 이룰 수 있다는 마음가짐만 있다면 최고의 부자가 되기에 충분하다.

리처드 라이더와 데이비드 샤피로의 저서 『마음이 가리키는 곳으로 가라』에서는 말한다.

"무엇이 되고 무엇을 갖는 것은 꿈이 아닙니다. 그건 단지 목표이거나 수단일 뿐이죠. 몸이 꾸는 꿈과 마음이 꾸는 꿈은 같지 않습니다. 내 생각엔 무엇이 되거나 무엇을 갖는 것이 아니라, 그걸로 어떤 인생을 살 것인가 하는 게 바로 꿈인 것 같습니다."

우리는 '무엇이 되겠다, 무엇을 갖겠다'는 것을 넘어 '어떻게 가치 있는 인생을 살 것인가'의 진짜 꿈을 찾자. 그렇게 세상에서 가장 행복한 진짜 꿈을 가지자.

내가 꿈을 이루어가는 과정의 재미와 즐거움은 돈 주고 살 수 없다. 함께 재미나고 즐겁게 일하며 행복을 그리자. 똑똑하게 일하는 행복주의자가 되자!

4
.
.
.

내가 내 삶의
우선순위다

지난날의 십년 정도는 나를 치유하는 데 많은 시간을 쏟은 것 같다. 또 더 지난날의 나는 나를 너무 혹독하게 일에 전념하게 만들었던 것 같다. 그렇다. 나의 30대 후반은 일과 생활의 균형이 많이 깨어진 삶이었던 것 같다. 너무 한쪽에 치우친 시간을 보낸 것이다. 인생의 성공여부는 얼마나 균형적으로 잘 살아내느냐에 달려 있다는 생각이 든다. 나는 30대 때 너무 일에 치중한 나머지 삶의 방향성을 잃었던 것이다. 그때 나는 삶이 주는 즐거움을 잠시 잊고 살았던 것에 문제가 생긴 것 같다. 그것은 즐거움을 잊은 데서 그치지 않았다. 내가 만든 일로 인한 스트레스의 해결책을 찾지 못하고 스트레스에 묻혀가고 있었다. 그리고 나는 스트레스가 몸에 배어 피곤함이 그대로 나타났다. 그리고 피곤함은 잠시 나도 모르게 "아~ 죽고 싶다"고 얘기했다고 한다. 사실 내가 그 지경까지 갔었는지 기억도 희미하다. 그러나 내 몸에 그 반응이 나타나는 병이 생기자 언니는 내게 말했다. "네가 죽고 싶다더니, 그게 그대로 나타난 거야."라고 내가 했던 말을 일깨워줬다. 그리고 난 알았다. '내가 그 정도의 심한 말을 할 정도 피곤했었구나, 스트레스 받았었구나.'라는 사실이다.

시간이 지나고 돌이켜보면, 30대 후반 좀 더 나를 위한 시간을 가졌어야 했다. 그때 나는 무리하게 모든 여유 시간을 새로운 매장오픈에 쏟아부었다. 아무 부질없는 것을. 당시에는 30대의 열정을 온통 열심히 일하는 데 쏟았던 나였다. 그리고 매장이 안정을 갖자 여유를 부리면 안 될 것 같은 관념에 사로잡혀 또 새로운 매장을 준비했던 것이다. 그렇게 내가 만들어낸 세상의 관념이 나를 벼랑 끝으로 몰았던 것 같다. 그렇게 삶의 목적을 일에 맞춘 잘못에서 비롯된 것이었다.

40대의 나는 30대 때 내가 잘못 관리한 일과 휴식의 불균형으로 갑작스러운 암 진단을 받은 것이다. 그렇게 갑자기 닥쳐온 위기감에 나는 멘붕이 되었다. 그것도 잠시 다시 정신을 차리고 내가 할 수 있는 최선책을 찾아야겠다고 생각한다. 나에게 극도의 스트레스와 몸의 불균형을 일으킨 원인에 대해서 생각했다. 물론 매장관리와 신규 오픈점 관리 등이었다. 내 시간을 가지기 힘들만큼 신경 쓸 게 많았다. 그렇게 제대로 된 휴식이 없이 풀지 못하는 스트레스가 나를 병들게 했던 것 같다. 그리고 정신을 바짝 차리려 노력했던 것 같다. 그 상황을 원망하기보다 빠르게 이겨내야겠다는 생각이었다. 그동안 본의든 타의든, 열심히 보람되게 했으니 미련은 없었다. 삶과 죽음은 큰 우주의 흐름이지 결코 내가 발버둥 친다고 될 문제는 아니라는 생각이 들었다. 그렇게 편안하게 받아들이고 성공적으로 수술과 치료를 잘하려 애썼다. 암 진단 6개월 만에 6차 항암까지 완료하며 내 몸의 암 흔적을 깨끗이 제거하려 노력했었다. 그리고 나의 바람대로 수술과 항암치료는 성공적이었다. 그리고 나타난 항암치료의 후유증은 꽤 오래 나를 힘들게 했다. 이후 5년간의 기간을 거쳐 완치 판정을 받았었다. 내 스스로 대견했다. 그동안 인내하며 잘 견뎌냈던 것 같다. 아주 훌륭히 건강을 회복해냈던 것 같다. 생각지도 않은 암 진단과 투병으로 뜻하지 않은 고통과 시련을 겪었다. 그리고 단순하게 살며 무리하지 않고 살기를 선언했다. 그렇게 40대의 시간을 몸과 마음을 치유하는 데 많은 시간을 보냈다. 그리고 마음의 여유를 찾아갔다. 가족의 도움으로 잘 회복하고 다시 건강해졌다. 지독하게 아프면서 다시 한번 가족의 소중함을 느꼈다. 그리고 큰일을 겪고 나는 무엇이 중요하고 무엇이 중요하지 않다는 것을 알게 된 것이다.

"인생에서 원하는 것을 얻기 위한 첫 번째 단계는 내가 무엇을 원하는지 결정하는 것이다."

벤 스타인은 말했다. 내 삶의 우선순위도 다시 정비되어 간다. 아까운 시간낭비를 없애려면 다시 정비해야 한다. 그리고 지금 나의 모습에서 변화를 갖기로 한다. 이제 누군가를 위한 삶이 아닌 나를 위한 삶을 살기로 한다.

오랫동안 고객의 헤어스타일을 관리해주고 매장을 운영하면서 직원, 동료 등 매장 운영 전반을 관리하는 경영을 했다. 그러다 보니 아무래도 하루 중 일하는 시간 대부분을 자연스럽게 나보다는 타인을 위한 삶이 된 것이다. 나와 가족 모두를 위하는 책임감에서 하는 일의 관점이 아니라 내가 내 삶의 우선순위가 되는 관점에서 하는 것이 중요하다. 그동안 나는 보이는 것을 중요하게 생각했었다. 나의 직업도 '헤어'라는 보이는 것을 가꾸고 관리하는 것이고. 그렇게 보이지 않는 것, 상상의 세계, 잠재의식의 세상을 별로 의식하지 못했다. 대수롭지 않게 생각했다. 일상이 바쁘게 움직이고 모든 것이 순조롭게 뜻대로 되어간다고 느낄 때는 더욱 그것을 잊었다. 당연히 열심히 해서 그런 것이라 생각했다. 그러나 일상에서 타인에 의해 변화가 생기고 나의 노력만으로는 그 변화가 채워지기가 쉽지 않음을 느끼는 순간이 찾아왔다. 나의 일신이나 일상의 문제가 아닌, 함께하는 타인으로 인한 변화는 언제든지 찾아올 수 있다. 그렇게 여러 가지 일을 겪으면서 온전한 나, 내 뜻대로 살아가는 내가 되기 위해 잠재의식의 중요함을 인식하게 된다.

조셉 머피의 저서 『잠재의식의 힘』에서는 근심, 불안, 공포 등의 부정적 영향의 고뇌가 인간의 마음과 생명에 미치는 영향을 현대인들에게 잠재의식을 활용하여 해결하는 방법을 제시한다. 조셉은 잠재의식이라는 '숨은 힘'을 끌어냄으로써 마음속의 건강과 조화를 이루는 치유가 가능하다고 말한다.

그의 저서 『인생을 마음대로 바꾼다』에서도 "잠재의식의 활용으로 당신이 충분히 부유하고 건강하고 더할 나위 없이 행복한 삶을 누릴 수 있다."라고 말한다. 변화를 꿈꾸는 자들을 위해 인생을 변하게 하는 마법으로 잠재의식을 어떻게 사용해서 성공적인 삶을 사는 법 등을 상세히 알려준다. 나를 위한 삶을 살기 위한 첫 번째가 내가 하고 싶은 거, 되고 싶은 길을 생각하게 된다. 내가 살아가는 인생의 진리와 가치를 생각한다. 그리고 그것은 여유 시간을 나의 내면의 혼돈과 답답함을 채워주는 선현들에서 길을 찾는다. 내 마음을 바꾸고 생각을 바꾸고 실천해나가는 구체적인 방법까지 책은 알려준다. 그리고 또 다른 많은 다양한 자기 계발서와 성공학 책들은 말해준다. 그전에 느끼지 못했던 더 많은 인생 경험과 조언을 나에게 아낌없이 들려준다. 책을 읽으면서 나의 내면도 훨씬 풍요로워지고 행복함을 느낀다. 이 모든 것도 내가 나를 진정으로 사랑할 때 이루어진다. 나의 내면을 들여다 보고 나의 갈망을 책으로 먼저 채워가는 것이다.

웨인 다이어의 저서 『행복한 이기주의』에서도 다양한 행복을 위한 이야기를 한다. "내 인생을 내가 지휘하라. 먼저 자신을 사랑하라. 다른 사람의 눈치를 보지 마라. 의무에 끌려 다니지 마라. 다른 사람에게 의존하지 마라." 그리고 그 모든 것은 자기를 사랑하는 데서 비롯됨을 말한다. "하루하루를, 그리고 지금 이 순간을 얼마나 제대로 즐겁게 사느냐.", "지금 내가 소중하다고 생각하는 모든 것들을 위해 한순간, 한순간을 살아가는 것이 똑똑한 사람의 진정한 행복을 누리는 삶"이라 말한다. "현재의 한순간, 한순간을 최대한 알차게 살라. 그러면 행복이기주의자로 살 수 있다."라고 얘기한다. 나는 조셉 머피와 웨인 다이어, 이들의 모든 말에 전적으로 동의한다. 그리고 그들의 메시지는 나를 흥분되게 하고, 한걸음 더 내면의 행복과 성취의 행복을 느끼고 제대로 볼 수 있게 해준다.

월트 휘트먼은 말했다. "우주의 모든 이치는 한 치의 오차도 없이 오직 한사람, 바로 당신에게로 향해 있다."

세상의 주인공은 나이다. 단 한번뿐인 인생, 오로지 나로 살아가기도 시간은 부족하다. 현재를 즐기고 순간을 감동하는 마음가짐에 행복이 있다. 나의 파랑새는 내 안에 있다. 지금 내 인생의 황금기를 온전히 나를 위한 시간으로 채우려 한다. 이제, 내가 내 삶의 우선순위이다. 당신도 그러한가.

5
.
.
.

오늘에
최선을 다하라

나는 그동안 열심히 한 가지 전문적인 일을 해오고 있다. 그리고 열심히 일해오면서 성공도 맛보고 실패로 좌절도 맛보았다. 열심히 살아오는 과정에서 크게 아파도 보았다. 열심히 앞만 보고 달려왔는데 실패와 아픔의 시련을 맞으면 "아~ 이것이 정답이 아니구나." 느끼게 된다. 열심히 해왔는데도 불구하고 성과가 미미하거나 만족할 만한 성과를 못 내면 뭔가 잘못 해 가고 있지 않나 싶다. 그리고 너무 잘되려는 욕심을 가졌나 싶어 모든 사소한 욕심을 내려놓고 욕심 없이 살려 노력한다. 욕심을 던지고 주어진 삶에 충실하게 살아가려 한다. 그렇게 하루하루를 살아간다. 그리고 그것 또한 정답이 아님을 느낀다. 내가 아닌 타인의 변화와 영향으로 나 또한 다른 변화가 생기는 것이다.

인간은 사회적 동물이라 나 혼자 편하게 마음먹는다고 다 뜻대로 되지는 않는다. 계속 옆에서 일이 생긴다. 그렇게 나의 일상은 조용할 틈이 없다. 새로운 일과 신경 쓸 일이 생겨난다. 잘 해나가려 해도 혼자만의 노력으로는 역부족임이 느껴진다. 그렇게 다양한 경험과 현실에 부딪힌다. 오랫동안 한 가지 일을 열심히 한다고 해왔지만, 또 어느 순간 한계를 느낀다. 그렇게 한동안 의욕을 상실해간다.

오랜 기간 일해왔으면, 일정기간이 지난 후의 우리는 사회적으로 안정되기를 바라며 그렇게 안정적 노후를 맞이하기를 바란다. 하지만 지금은 더 많은 무한 경쟁시스템에서 불안한 노후를 걱정하게 된다. 지금 열심히 일하고 보람된 하루하루를 느끼며 항상 행복한 삶을 살기를 희망한다.

우리는 사회 관념에 따라 초등학교부터 대학, 대학원까지 다닌다. 그리고 열심히 공부하고 잘 살기 위해 사회 시스템대로 교육받고 해나간다. 부모님세대도, 우리세대도 열심히 해서 성공하라는 관념대로 열심히 살아왔다. 결과는 만족스럽지는 못하다. 잘못된 관념이 현 상황을 만들어낸 부분이 없지 않은 것 같다. 서민들은 열심히 힘겹게 살며 생활을 유지하고 있다. 열심히 산다고 살지만 살아갈수록 더 많은 청구서도 날아든다. 삶을 살아가는데 드는 많은 청구서들로 지금의 우리는 아파도 맘

편히 쉴 수 없다. 왜 우리는 열심히 살면 가난하다는 공식을 인정해야만 하나. 어느 순간 이상한 공식이 우리를 "헉"하게 만든다. 인정하기 싫지만 다들 열심히 살고도 부유한 삶을 누리지 못하니 인정하게 된다.

예전에 우리는 '무슨 부귀영화를 누릴 거냐며, 무슨 대단한 사람이 될 거냐며' 큰 꿈을 얘기하고 성공에 대한 욕망을 가지면 주위시선은 따갑다. 그렇게 우리를 한계 짓는 분위기에 휩쓸려 큰 욕망과 큰 소망은 비난받았다. 성공에 대한 큰 욕망이나 소망 없이 살게 된다. 지금 우리는 열심히 사는 것이 최선인 줄 알았지만 그냥 열심히만 살아서도 안 된다. 그냥 열심히 사는 오늘을 그만하자. 어느 순간 사회는 우리에게 왜 그것밖에 못살았냐고 말한다. 그리고 나는 깨닫는다. 욕망은 죄가 아니다. 욕망하지 않고 안주하는 삶이 죄짓는 것이라고. 욕망하고 내가 갖고 싶은 것은 갖고, 하고 싶은 것을 하며 큰 꿈을 갖고 다 이루고 살아야 함을 알게 된다. 요즘은 많은 사람들이 TV보다 유튜브를 더 즐겨 보는 유튜브의 시대이다. 개인이 1인 방송이 가능한 시대. 그리고 그것은 개인을 스타로도 만들어주며 새로운 부자로도 만들어 준다. 또 누구나 쉽게 접근할 수 있다. 그리고 새로운 방식으로 많은 부자가 탄생하기도 한다. 예전과 다른 창의적 방법으로, 오랫동안 내려온 관념과는 다른 방법으로, 내 꿈을 이룰 수 있는 또 한 가지 기회이다. 그들은 꿈꾸고 실천하며 이루어낸다. 이제 세상은 확고한 꿈과 목표를 가지고 미친 꿈에 도전한다면 못 이룰 게 없는 세상이다. 많은 성공한 사람들을 벤치마킹하며 더 창의적으로 도전해보는 것이다.

성공한 사람들은 말한다. 매일 오늘 하루에 최선을 다하라 한다. 고졸 출신의 자동차 판매 왕에서 이사까지 승진한 누군가는 자신의 성공비결을 "매일매일 아침부터 저녁까지 최선을 다했다. 그것 외에는 특별한 성공비결은 없다. 나 자신이 어디서 누구를 만나더라도 모두 고객이라 생각했다. 자동차에 이상이 있다면 얼른 쫓아가고 고장이 났다 하면 회사 서비스카를 보냈다. 이런 사소한 것들이 지금의 나를 있게 했다"고 말한다. 또 매일매일을 열정적으로 사는 것이다. 그리고 선택과 집중을 하는 것이다.

박종화 작가는 저서 『생각이 나를 바꾼다』에서 말한다.

"당신이 하는 일에서 성공하기를 원한다면, 당신은 집중해야 한다. 집중을 위해서는 선택이 필요하다. 선택은 하나를 제외한 나머지를 버리는 과정이다. 선택과 집중을 어떻게 하느냐에 그 사람의 삶의 질이 결정된다. 성공한 사람들은 동시에 여러 가지 일을 하지 않는다고 한다. 창의적인 사람은 여러 가지에 호기심을 갖고 있어 성공을 가로막을 수도 있다. 성공을 원한다면 집중해야 한다. 집중하기 위해서는 선택해야 하고, 선택은 하나를 제외하고는 다 버리는 과정이다."

우리는 스스로를 경영하는 경영자이다. 하루 스물네 시간을 어떻게 활용하느냐에 따라 인생의 행복의 질이 달라진다. 누군가는 퇴근 후 2시간으로 인생을 바꾸기도 한다. 퇴근 후 2시간을 빈둥대지 않고 책을 읽고 책을 써 작가가 되고 1인 창업가가 되어 인생을 바꾼 사람들이 많다. 그렇게 퇴근 후 2시간을 자기 계발에 투자하여 성공의 길을 걷는 사람이 많다. 출근 전 2시간으로 운동을 하여 건강을 찾고 운동전도사로 뛰는 사람도 있다. 우리의 하루 24시간은 모두 공평하게 주어진다. 어떻게 이 시간을 효율적으로, 생산적으로 활용하느냐에 따라 확연히 달라질 수 있다. 원하는 삶을 빠르게 이룰 수도 있다. 오늘을 어떻게 쓰느냐에 따라 내가 원하는 미래를 여는 초석이 될 것이다. 이제 우리 삶의 패러다임은 바뀌었다. 열심히 살기만 해서는 안 된다. 특별하게 살아야 한다. 지금은 원하는 삶을 살면서 성공과 부를 이룰 수 있는 시대이다. 내가 꿈꾸는 이상을 이루어진 결말에서부터 믿음으로 걸어 나가는 것이다.

나의 명확한 목표를 설정하자. 명확한 계획을 만들자. 잠재의식에 각인시켜 믿음으로 걸어가자. 당신은 성공을 꿈꾸는가. 행복을 꿈꾸는가. 아니면 마음의 치유를 꿈꾸는가. 세상을 살아가는 데 있어 중요한 것은 오늘을 어떻게 사느냐에 해답이 있다고 본다. 오늘을 어떻게 사느냐에 따라 어떤 인생을 살았느냐가 될 것이다. 그리고 꿈꾸는 인생을 살 것이다. 내가 꿈꾸는 삶의 목표, 목적을 정확하게 인식하고 오늘을 살 때 원하는 삶을 이루어낼 것이다. 그리고 즐기면서 사는 것이다. 돌이켜보니 열심히만 사는 것은 중요하지 않은 것을 알게 된다. 열심히 그리고 특별하게 살 필요가 있다. 최선을 다하고 그것을 즐기는 것이다. 인생을 특별하게 사는 것은 생각보다 간단한 것 같다. 나를 위해 사는 것이다. 그때그때 식탁 위에 예쁜 장미꽃도 꽂고, 그날의 기분에 따라 따뜻한 사랑의 메시지도 남겨보고, 행복을 전해주는 마음의 양식인 책도 한 권 사서 읽고 선물도 하고 그러는 것이다. 삶의 목표를 정확하게 하고 오늘을 즐기고 최선을 다하면 현재는 물론 미래도 창대할 것이다.

오늘, 또 오늘이 쌓이면 가장 빠르게 성공하거나 원하는 삶을 살아가는 길이 될 것이다. 우리가 뚜렷한 꿈을 가지고 삶에 최선을 다하며 즐기는 삶을 살 때 가능하다. 그리고 어쩌면 제일 쉬운 일이 오늘 최선을 다해 사는 것이리라. 그리고 가장 중요한 오늘을 긍정적 사고로 최선을 다한다면 못 이룰 꿈은 없다.

대단한 성공을 이루고 싶은가. 100억 부자가 되고 싶은가. 오늘도 꿈꾸는가. 지금부터 시작하자. 원하는 명확한 꿈을 갖고, 이제 오늘에 최선을 다하는 것이다!

6
.
.
.

누구보다
나 자신을 사랑하라

오늘은 휴무 날이다. 편안한 마음으로 인터넷 서핑을 한다. 그리고 눈에 들어오는 멋진 풍경과 마주한다. 일본 이케미 오하시 다리를 찍은 사진이다. 미야코지마와 이케마 섬을 이어주는 사진 속 다리는 오키나와현에서 가장 긴 다리라고 한다. 맑고 청명한 날의 완전 푸른 하늘과 하얀 구름, 에메랄드빛 바다의 아름다운 태피스트리가 펼쳐진 사진이다. 너무 환상적인 푸름의 극치이다. 정말 자연의 아름다움은 뭐라 형용할 수가 없다. 벌써 5년 정도 된 것 같다. 내가 오키나와를 누볐던 때가 새삼스럽다.

5년 전 오키나와에서 황금 같은 여름휴가를 보냈던 기억이 기분 좋게 떠오른다. 그때 오래 간만에 정말 멋진 곳에서 나를 위한 휴식을 가졌던 기억이다. 아름다운 오키나와 섬은 다음에 기회가 되면 또 가고 싶다.

시간은 쏜살같이 과녁을 향해 간다. 나의 세상은 어느덧 반세기를 살았다. 참 신기하다. 나는 어디서 와서 어디로 가는 것일까. 정확한 것은 모르겠다. 나의 존재의 이유도 헷갈린다. 나는 왜 이 자리에 있는 것일까. 그토록 열심히 노력한 나는 누구인가 나는 누구를 위하여 그렇게 치열하게 살았나. 모든 의문은 꼬리에 꼬리를 문다. 그럼에도 중요한 것은 이 세상의 주인공은 나라는 것이다. 모든 것은 나를 중심으로 움직인다는 것이다.

'나는 아침에 눈뜬다. 나는 오전에 부지런히 미용실서 일한다. 나는 가족들과 식사한다. 나는 사람들이 모여 있는 카페서 커피를 마신다.' 이 모든 것은 나를 위해 준비되어 있다. 나를 위해 존재한다. 내가 없이는 이 모든 것은 존재하지 않는 것이다. 그렇게 나는 세상의 중심이다. 내가 얼마나 중요하냐이다. 누구보다 나 자신을 사랑해야만 한다. 나 자신의 사랑하는 방법 중에는 내가 원하는 게 무엇인가를 아는 것이다. 내 내면에 귀 기울이는 것이다. 내면의 내가 진정한 나이니까. 그리고 나는 내가 되고 싶은 것, 내가 가지고 싶은 것, 내가 하고 싶은 것을 하면 되는 것이다.

나는 더 많은 시간을 나를 위해 쓰기로 한다. 나의 미래는 하루 4시간~5시간 정도 일하면 충분할 것 같다. 하루는 24시간이니까 잠자는 시간 8시간을 뺀다. 그럼 16시간, 그중 일하는 시간 5시간을 빼면 11시간의 여유 시간이 생긴다. 여태까지는 거의 하루의 10시간 정도가 일에 집중되었던 것 같다. 물론 그 시간에는 식사시간이 최소 2시간은 포함되었지만. 이제 식사시간을 빼더라도 하루의 8시간가량을 사랑하는 나를 위해 쓸 여유 시간이 생긴다. 아주 좋은 시간 계산법인 것 같다. 하느님과 함께하는 나는 아주 특별한 존재이다. 결코 죽어라 열심히 일만 하기 위해 이 세상에 온 것이 아니다. 이 세상을 제대로 즐기고 보람된 삶을 살기 위해 온 것이다. 일과 식사시간을 뺀 8시간 정도는 온전히 나를 위해 써줘야 한다. 왜냐, 나는 소중하니까.

나는 과거에 피곤하고 지칠 때 충분한 휴식을 하고 여행을 하고 싶었다. 그때 내가 느낀 것은 지칠 정도로 일을 했을 때 약간의 돈은 가지게 되었다. 그러나 곧 내가 피곤하고 지치는데 정작 휴식할 시간이 없다는 것을 알았다. 그리고 때로는 '뭔가 해야겠어. 이렇게 시간적 여유가 있는데 여행을 할까?' 싶을 때가 있다. 그럴 때는 또 여지없이 돈이 없다. 왜 이런 상황이 만들어지는 것인지 인생은 의문투성이다.

세상의 관념은 나에게 저금하라 말한다. 그리고 "아껴 쓰라"고 말한다.

내가 무엇을 위하여 아껴야 하는지 물으니 '미래를 위해서 아끼라' 한다. 특별한 나는 말한다. 오로지 현재가 가장 중요하다고. 지금 코로나로 벌어지는 일들을 보면 결코 미래를 알 수 없다. 우리가 이렇게 전염병에 세상이 휘청하리라 불과 1, 2개월 전 누가 알았는가. 가장 중요한 것은 현재이다. 그렇다 다시 한 번 느낀다. 현재 내가 갖고 있는 것에 먼저 감사하자. 그리고 나를 사랑하자. 그리고 기쁨에 넘치고 행복에 넘치는 즐거움을 갖자. 그 기분을 유지한다면 아마 내일의 나는 더 멋진 내가 되어 있을 테다.

이제 특별한 내가 가고 싶은 곳을 여행하자. 어릴 때의 나는 어딘가를 다니는 걸 별로 안 좋아했던 것 같다. 왜 그랬는지는 정확하게 기억나지 않는다. 아마 체력적으로 많이 약했던 것 같다. 열심히 일하고 나면 지쳐서 아무것도 하기 싫었던 것 같다. 그땐, 단지 어디를 다니기보다 차라리 매장 안에서 조용히 일하는 게 편하다는 생각을 했다. 지금은 'NO'다. 지금은 가봐야 할 데가 너무 많은 것 같다. "오라고 하는 곳은 없어도 갈 데는 많다."라는 말이 있지 않은가. 지금 내가 그런 것 같다.

나이가 들면 호기심이 줄어들 것 같은데 결코 아닌 것 같다. 더 많은 경험을 하고 싶다. 그리고 더 많은 곳을 가고 싶다. 그래서 나는 더 많은 여유 시간이 내게 필요한 것이다.

나의 첫 해외여행은 이탈리아 여행이었다. 삼십대 초반 이탈리아의 여행은 첫 여행이라 즐길 줄도 잘 모르고 남들 따라 다녔던 것 같다. 그럼에도 이탈리아 특유의 그리스 신화에나 나오는 풍경과 조각들, 그리고 푸른 하늘아래 나지막한 성전으로 둘러싸인 도시, 고대 로마 유적지로 세기를 넘나드는 풍경이 감탄이 절로 나왔다.

첫 여행지였던 이탈리아 이후 스페인, 포르투갈까지 여행한 경험이 있다. 이탈리아에 처음 가서 감탄사를 연발하던 나는 어느덧 없다. 스페인에 매료되어 오로지 스페인의 더 넓은 평야와 천재 건축가 가우디의 건축 작품들에서 최상의 아름다움을 느꼈던 것 같다. 그리고 포르투갈은 또 다른 평화를 느끼게 되는 아름다운 나라이다. 역시 여행은 더 많은 나라를 다닐수록 더 큰 황홀한 아름다움을 느낀다. 하느님이 이루어낸 세상은 어느 하나 흠잡을 게 없는 듯하다. 그렇게 다 의미와 충만함이 있다. 그리고 이 모든 아름다움은 하나에서 시작하여 펼쳐져 있다는 것이다.

나는 이제 짧은 시간이 생길 때는 국내 곳곳을 다녀 보고 싶다. 그리고 조금 더 긴 시간이 있을 때는 해외여행을 갈 것이다. 지금은 크루즈 여행으로 럭셔리하게 세계 곳곳을 선상에서 즐길 계획을 갖고 있다. 앞으로 코로나는 진정될 것이다. 특별한 나는, 럭셔리한 크루즈여행으로 나에게 휴가를 즐길 기회를 줄 것이다. 상상만으로도 행복한 미소가 만발한다. 누구보다 나를 사랑하는 법은 나를 즐겁게 하는 것이리라. 그리고 특별한 나를 사랑해줄 특별한 단짝을 만나기로 한다. 함께 여행하고 일상을 공유하며 살아 있음을 함께 나누는 것이다.

더 나이 들기 전에 더 많은 추억을 공유하고 마음을 나누는 영광을 함께 하는 것이다. 세상은 넓고 할 일은 많으며, 우리는 누려야 할 것들이 무수히 많다. 그리고 우리가 펼쳐 내야 할 삶의 지혜와 경험도 함께 공유하는 것이다. 둘만의 의미를 가득 담아서. 사랑하는 마음이 넘쳐나는 님이 어느 날 나의 옆을 지켜주리라. 내가 꿈꾸는 세상을 함께 이루어갈 특별한 당신을 나는 느낀다.

일상의 행복을 온전히 느끼며 내가 갖고 있는 것에 감사한다. 그리고 뜻밖의 덤이나 생각지도 않은 기쁨에 열광한다. 이모든 나의 마음은 내 인생을 더욱 충만하게 하는 행복의 열쇠가 되리라. 나는 나를 너무나 사랑한다. 여태 받은 사랑과 나눠준 사랑을 곱한 만큼 사랑하며 행복을 만끽한다. 그리고 아낌없이 나누리라. 이 모든 것은 누구보다 나 자신을 사랑하는 데서 이루어지리라. 우리는 누구보다 나 자신을 사랑하며 언제나 행복할 수 있다는 것을 잊지 말기를……. 당신 곁에는 항상 나와 함께하는 하느님이 있으니까.

7
.
.
.

과거는 잊고
미래만 보며 나아가라

나른한 오후 올해 초 그날의 기분으로 빠져든다. 사랑의 감정이 북받쳐 오른다. 그리고 곧 왠지 모를 행복의 기운이 나를 감싼다. 행복감이 넘치는 이 기분은 뭘까. 잠시 하던 일을 멈추고 이 기분을 만끽하려 한다. 눈을 감고 느낀다. 아주 평화롭고 고요한 세상을……. 그리고 온통 나에게, 나의 마음과 영혼에 집중한다.

세월은 참 빠르게 흐른다. 그럼에도 초조해하지 않으려 한다. 마음을 가다듬고 평정심을 유지하려 노력한다. 나는 때로는 현실을 바라볼 때, 아무런 흥미를 못 느낄 때가 있다. 무감각해지는 것이다. 아니, 왠지 불안하며 초조해진다.

몇 해 전부터 나는 변화가 필요함을 절실히 느낀다. 그리고 무엇보다 내가 변화해야 한다는 사실을 인지한다. 나의 갈 길은 어디인지, 내 마음이 원하는 것은 무엇인지, 나는 어디로 가기를 원하는지, 내 마음속 길잡이에 길을 묻는다. 나의 삶을 무엇으로 채울까. 현실에서 다른 길을 찾기는 어렵다. 관념에 사로잡혀 다른 길이 보이지 않는다. 그렇게 답답한 현실의 물음표는 이어진다.

한동안 잊고 지내던 책을 읽게 된다. 그리고 내 길을 책과 함께 찾아보기로 한다. 책을 읽고 마음의 평화와 나의 길을 찾아가려 한다. 책을 펼치는 순간 반복되는 일상의 답답하고 무료한 시간들에 숨통이 트인다. 책이 이런 존재인지 새삼 느낀다. 책은 나에게 큰 의미로 다가온다. 어릴 때는 책이 나에게 무슨 말을 하는지 크게 느껴지지 않았다. 아니, 무슨 말을 하는지 귀까지는 들리고 가슴까지 전달이 되지 않았다. 그렇게 내가 읽던 책은 서서히 잊혀져 갔다. 그리고 또 다른 의미 있는 책을 맞이한다. 내가 그동안 지루하게 여기던 책은 완전 다르게 느껴진다. 내가 책을 이렇게 사랑하는지 이제 알았다. 책에 완전히 빠져들고 있다. 책과 사랑을 하고 있다. 지금의 책은 온통 나한테 얘기하는 것 같다. 몇몇 책은 내 가슴을 요동치게 한다. 이제는 책을 읽고 실천하고자 또 보고, 또 보게 된다. 책과 함께 내 인생의 터닝 포인트를 맞이한다. 드디어 나와 잘 어울리는 또 하나의 취미생활을 찾았다. 내 몸에 딱 맞는 제대로 된 내

옷을 입은 것이다. 책은 여왕의 삶을 살기로 한 나에게 어울린다. 이제 책과 함께 품격 있게 살아가리라.

때는 바야흐로 이천년하고도 이십년이다. 나에게 올해는 아주 특별한 한해가 될 것 같다는 확신이 든다. 나의 뇌주파수가 아주 우연히 신성한 영적 울림의 주파수를 끌어당긴다. 너무나 열정적인 목소리가 나의 영혼을 귀 기울이게 한다. 그렇게 나는 내 마음이 찾던 열정의 세계로 빠져들었다. 나는 다양한 장르보다 내가 보고 싶은 책 위주로 읽는다. 나는 나의 영혼을 흔드는 책을 사랑한다. 삶의 진리를 일깨워주는 책으로 영혼을 깨운다. 책읽기는 때와 장소를 가리지 않는다. 나는 항상 책을 두 권 이상 가지고 다닌다. 나의 삶의 보배가 되어줄 책 2권. 오늘은 반신욕을 하면서도 책을 본다. 식탁에서도 쌓아 놓은 책과 함께 식사한다. 나의 책읽기는 삶의 진리를 찾아가는 길이다. 더 충만한 삶을 이루는 내 삶의 보물 상자이다. 이제 책읽기로 즐겁고 신나는 휴식과 놀이를 대신한다. 책을 읽으며 세상을 보는 관점은 더 없이 넓어진다. 내가 펼쳐낼 삶의 패러다임도 바뀐다.

이제 나의 책읽기는 나의 미래가 되어 준다. 사랑하는 사람들과 내가 좋아하는 책을 함께 나눌 것이다. 나의 삶을 살찌우는 영혼의 양식을 같이 나누는 것이다. 보이는 곳곳에 책을 둔다. 그리고 책과 함께 다 이루어낸다. 어려운 일은 없다. 나의 '즐거운 인생을 살자'는 인생모토는 책을 통해 성숙한다. 이제 '내 인생 즐겁게 의미 있게 살자'이다.

나의 미래는 책과 함께 마음의 안식과 삶의 방향성을 찾아간다. 나에게 책은 멋진 또 다른 인생의 멘토이다. 그리고 나는 책을 읽는 즐거움에서 쓰는 즐거움도 함께 하기로 한다. 나는 오랜 시간을 사람들의 헤어스타일을 매만지는 일에 큰 보람과 가치를 두었다. 그리고 운 좋게 긴 시간을 많은 이들과 함께 일에 빠져 잘 해왔다.

시간과 나이는 나에게 머물지 말고 변화하기를 요구한다. 운 좋은 나는 또 멋진 기회가 찾아왔다. 항상 긍정 마인드로 사고하고자 하면 또 긍정의 길은 열린다. 내가 꾸는 꿈을 생생하게 느끼면 그것은 빠르게 나에게 와 있다. 그렇게 넘치는 행복의 기운은 또 나를 감싼다. 그렇게 나는 내가 살아온 삶의 경험을 나누는 작가로 새로운 도전을 한다. 나의 모든 길은 책과 함께 의식의 중요성과 함께 잠재의식의 확장, 이루어진 시점에서 감사하며 믿음으로 걸어가는 것이다. 우리는 메뚜기가 아닌 내 안의 거인을 깨워나가야 한다.

세상은 내가 꿈꾸는 만큼 이루어진다. 그리고 내가 꿈꾸는 대로 이루어진다. 그럼 어떻게 해야 할까?

큰 꿈을 가져야 한다. 그리고 크게 이루는 것이다. 그것이 정답이다. 지금 나와 함께하는 책 쓰기 과정 동기 중에는 20대 · 30대 젊은 친구들이 많다. 너무 멋지다. 젊은 나이에 내 안의 거인을 깨워 나가는 현명한 친구들이다. 우리는 열심히만 살아서는 안 된다. 현명하게 살아야 한다. 그리고 특별하게 살아가야 한다. 우리는 특별한 사명을 가지고 이 세상에 태어났다. 진리를 깨닫는 삶을 살아가는 것이 우리의 사명이다. '늦다고 생각 할 때가 제일 빠르다'는 것을 나는 안다.

나는 삶을 살아오는 동안 '내가 사는 삶의 의미'를 잘 모르고 살아왔다. '나는 왜 태어났는가, 왜 가난한가, 왜 이렇게 힘든가, 나는 무엇 때문에 살아가는가, 나의 부모는 왜 이리 가난하게 살았는가, 내가 이 세상에 온 목적은 무엇인가, 나는 무엇을 위해 살고 있는가.' 등 명확하게 대답할 수 있는 게 거의 없다. 그동안 나의 환경에서 배운 대로 삶을 살아왔다.

주어진 환경에서 잘 살기 위해 그저 열심히 부지런히 일해온 것이다. 바쁘게 살아오면서 미처 깨닫지 못한 삶의 의미를 깨닫고 실현해 내는 삶을 이제 살고자 한다. 세상은 내가 꿈꾸는 만큼 이룰 수 있다. 성공과 부, 명예를 꿈꾸는가? 진정 내가 원하는 것을 생생하게 이루어진 느낌을 갖고 믿음으로 걸어나가자. 그리고 감사함을 기도하자. 어느 시점에는 내가 꿈꾼 이상은 현실이 되어 있을 것이다.

누구에게나 힘들고 어려웠던 과거는 있다. 우리의 삶은 시련과 극복, 실패와 성공의 반복이다. 그렇게 힘들기만 한 삶은 없다. 소소한 일상은 나름대로 빛나고 행복해서 그대로 머물기를 바라며 붙잡고 싶을 때도 있다. 다양한 아프고 기쁘고 슬펐던, 힘들었던 과거는 내려놓고 찬란한 아침햇살처럼 반짝이는 빛으로 다가오는 나의 미래를 보며 나아가기로 하자.

이 시대 최고의 형이상학자 네빌 고다드는 말한다. "상상력을 이용하는 삶보다 더 지혜로운 삶은 없다."라고 한다.

"인간은 오직 상상력이다. 하느님은 인간이고 우리 안에 존재하시며, 우리는 그분 안에 존재한다. 인간의 불멸의 옴은 상상력, 곧 하느님 바로 그분이다." – 블레이크

나는 이 진리를 깨닫고 온 몸으로 느낀다. 그동안 갖고 있던 모든 관념을 버리고 네빌 고다드의 법칙과 함께 미래를 설계한다. 그리고 내가 깨달은 삶의 진리를 필요로 하는 모두와 함께 나누고자 한다. 내가 살아온 경험과 지혜로 더 많은 사랑을 나누며 지금까지와 다른 더욱 가치 있는 존재로서의 삶을 살아가는 것이다. 당신도 나와 함께 과거는 잊고 미래만 보며 나아가기를 진심으로 바란다.

새로운 관점으로
즐겁고 의미 있는
인생 리뉴얼하기

새로운 세상엔 너의 시대가 올 것이다.

내가 아는 많은 사람들은 오늘도 열심히 살아간다. 하지만 왜 그렇게 열심히 살아왔는지, 의문을 제기하지 않는다. 오늘도 어제처럼, 내일도 오늘처럼 습관적으로 살아간다.

특별한 삶을 살기 원한다면, 평범하기를 거부하고 특별하게 살기를 선언해야 한다. 우리는 특별한 존재로 당연히 누구나 특별하게 살아갈 수 있다. 특별하기를 꿈꾸면 가능하다. 꿈꾸지 않고 사회적 관념대로 머무르려 하고, 내 마음속 깊이 안 된다는 생각에서 벗어나지 못해서 우리는 특별해지지 못하는 것이다.

　누구보다 열심히 살고 있는 당신이라면 잠시 멈추고 내 인생을 제대로 보아야 한다. 빠를수록 세상의 더 많은 풍요를 내 것으로 만들 수 있다. 긴 시간을 힘들고 지치며 어려움에 처해서 노쇠하기보다 더 늦기 전에, 의미 있는 내 인생을 살아가기를 추천한다.

　시간을 조금이라도 아끼고 싶다면, "지금 나를 돌아보라!"고 말해주고 싶다. 우리는 얼마든지 '내가 원하는 삶! 꿈꾸고 이루고 누리고 성취하는 삶!'을 살아갈 수 있다.

　그 모든 것은 우리의 의식 수준에서 비롯된다. 세상은 보이는 것이 다가 아니다. 눈에 보이는 빙산만이 아닌 보이지 않는 수면 아래의 거대 빙산을 잊지 말아야 한다. 우리 모두의 삶은 내가 생각한 만큼 이루며 살아간다. 아무 생각 없이 현실에 만족하고 살아간다면 딱 그만큼의 관점에서 살아가게 된다.

　『지중해 부자』에서는 "세상은 네모 안의 세모이다."라고 한다. 누구나 아는 세상은 피라미드 삼각형의 구조이다. 그중 가장 아래가 하, 중간이 중, 위가 상이다.

우리가 아는 세상은 둥근 지구 안에 삼각형 피라미드 구조의 세상이라 착각하고 있다. 둥근 세상 속 삼각구조는 열심히 살면 더 풍요로워야겠지만 세상은 그렇지 않다. 삼각구조의 아래에서 아무리 열심히 해도 아래일 뿐, 풍요로워지기 힘들다. 큰 꿈을 꾸고 위로 올라가야 한다. 그것이 네모속의 세모인 것이다. 올라갈수록 더 많은 풍요가 기다리고 있다.

어떻게 세상의 더 많은 풍요를 누릴 것인가를 생각해야 한다. 그것은 쉽고 간단하다. 사회의 관념 속에 잠들어 있는 나의 의식을 깨워 거인의 삶을 살기를 선언해야 한다. 모든 것은 내가 꿈꾼 만큼 이루어진다. 나의 내면의 위대한 창조의 신과 함께 내가 꿈꾸는 삶을 창조해나가는 것이다.

내가 꿈꾸는 큰 꿈을 명확하게 하고 그것이 이루어졌을 때 느끼는 생생한 떨림과 기쁨, 환희, 행복감을 육감으로 느끼며 이루어짐에 감사함을 기도하고 믿음으로 걸어나가는 것이다. 또 다른 중요한 것은 지속적으로, 꾸준히 부지런하게 해나갈 때 내 꿈은 내 옆에 와 있을 것이다.

그동안 나 또한 누구보다 열심히 살아왔지만 내 인생의 의미나 목적을 뚜렷하게 갖지 않고 그냥 해온 대로, 여태 한 대로 또 그냥 살아갈 뻔했다.

그렇게 그동안 내가 해오던 일에 나를 한계 지으며, 나의 삶이 외부의 변화에 의해 뜻대로 되지 않아 좌절하고 휘둘릴 뻔했다. 나의 특별한 삶을 포기할 뻔한 것이다. 지금 나는, 무엇보다 내 안의 '의식의 중요성'을 인식하고 행복하고 충만한 하루하루를 무한대로 확장된 의식과 함께 큰 꿈을 하나씩 이루어내고 있다.

오늘부터 당신도 원하는 큰 꿈을 꾸며 당신이 주체인 삶으로 내 인생을 살아가자.

바로 당신이 특별해지는 삶을 사는 것이다!